新しい公共と市民社会の定量分析

松永佳甫
Matsunaga Yoshiho

大阪大学出版会

まえがき

　本書は、新しい公共や市民社会に関する様々な事象について、定量的アプローチによりその特色を明らかにしようとするものである。

　わが国では、財政難に伴い市民主体の新しい公共の概念をベースに新たな市民社会（シビル・ソサイアティ）の形成が急ピッチで進められている。それは例えば、一様性が高く比較的大規模な公共財・サービスは国・地方自治体が供給し、地域住民が求める多様な需要にマッチした比較的小規模な公共財・サービスは非営利組織（NPO）が供給するという新しい公共財・サービスの供給システムである。この新しいシステムは、よく「新しい公共」、「民間にできることは民間に」、「選択と集中」、「小さな政府」などというフレーズで表現されている。政府（中央・地方）は、民間では供給することが難しい、あるいは民間企業ではなく自らが供給することが望ましい公共財・サービスを「選択」し、それにヒト、モノ、カネを「集中」的に投入することにより財政支出を抑え、「小さな政府」を達成しようとしている。

　このような新しい公共財・サービスの供給システムの重要なプレーヤーである非営利セクターの台頭には、今もなお目覚ましいものがある。NPO元年（1995年）といわれる阪神・淡路大震災以降、NPOの活動がメディアに取り上げられるようになり、NPOの重要な社会的役割を誰もが認めるところとなった。そして1998年に特定非営利活動促進法（通称NPO法）が施行され、以降、NPO法人の数は劇的に増加することになる。NPO元年からおよそ15年経過した2010年10月現在、約4万のNPO法人が存在し、現在もその数は増加傾向にある。

　市民が主体の「新しい公共」に社会システムが移行してゆくにつれ、市民社会に関する研究領域は広がりつつある。それは、NPO研究から、フィランソロピー研究、社会的企業研究、CSR（企業の社会的責任）研究、ソーシャル・キャピタル研究に至るまで多岐にわたる。これらの研究分野はすべて新しい公共と市民社会を構成する重要なファクターとして捉えられている。そ

してこれらの研究分野もまた、経済学、経営学、社会学、政治学、倫理学、哲学と多岐にわたる。

　経済学などの社会科学が市民社会研究の後発者であることにも起因するが、これまでの市民社会研究の多くが定性的なアプローチをとったものであった。その傾向は、わが国ではもちろん、市民社会研究に先んじている欧米であっても同様である。しかしながら、昨今、社会科学の手法をベースに、客観的な定性的手法により市民社会を分析する試みが多くみられるようになった。このことは、社会科学を学問領域とする研究者が、市民社会研究に多く参入し始めたことを意味する。わが国の大学教育でも、多くの経済学者や経営学者がNPO論やCSR論などの講義を担当し、市民社会研究に取り組んでいる。この傾向は、市民社会研究の2大学術雑誌ともいえるVoluntas（International Society for Third Sector Research）とNonprofit and Voluntary Sector Quarterly（Association for Nonprofit Organization and Voluntary Action）でも顕著にみられる。

　このような市民社会研究の潮流に鑑み、著者は博士論文（大阪大学）として提出した論文や市民社会にかかわる研究論文を多く掲載している海外学術雑誌に掲載された研究論文等をベースに、追加的な分析や新たな解釈を加えるなどの加筆を施し、一冊の書籍にまとめることにした。まず、第1章と第2章では、非営利セクター規模に地域差が生まれる要因について、第3章では日本人の寄付とボランティアに関する特色について、第4章では、寄付と政治支出の関係について、第5章では、訪問介護事業所のサービスの質と経営効率性との関係について、第6章では、社会的企業の定義と経営効率性について、そして最後に第7章では、円滑な市民社会構築のための潤滑油ともいわれるソーシャル・キャピタルと賃金との関係について、それぞれ定量的手法を用いて分析を行った。本書がさらなる市民社会研究の発展に微力なりとも一助となれば幸いである。

　本書は独立行政法人日本学術振興会平成23年度科学研究費補助金（研究成果公開促進費）の交付を受けた。

目　次

まえがき　　*i*

第 1 章　政府の失敗理論の定量分析 I ……………………………………　1
　第 1 節　非営利セクターの規模の地域差 ……………………………　11
　第 2 節　政府の失敗理論に関する先行実証研究のレビュー ………　17
　第 3 節　政府の失敗理論の推定モデル ………………………………　21
　第 4 節　推定結果とその解釈 …………………………………………　27
　第 5 節　まとめ …………………………………………………………　34

第 2 章　政府の失敗理論の定量分析 II
　　　　　　—国際比較データを用いた分析— ……………………………　41
　第 1 節　Salamon et al.（2000）による政府の失敗理論の実証分析 ………　43
　第 2 節　非営利セクター規模の計測 …………………………………　45
　第 3 節　推定モデルと国際比較データ ………………………………　46
　第 4 節　推定結果とその解釈 …………………………………………　49
　第 5 節　まとめ …………………………………………………………　54

第 3 章　フィランソロピーの定量分析 …………………………………　57
　第 1 節　寄付とボランティアの定量分析
　　　　　　—日本人のフィランソロピー ………………………………　58
　第 2 節　データ・セットの概要—JGSS とは ………………………　60
　第 3 節　推定結果とその解釈 …………………………………………　61
　第 4 節　まとめ …………………………………………………………　67

第4章　寄付と政府支出の定量分析 …………………………………… 69
　第1節　寄付と政府支出の関係性 ……………………………………… 73
　第2節　寄付と政府支出の定量分析に関する先行研究 ……………… 74
　第3節　寄付と政府支出の経済理論から計量モデルへ ……………… 78
　第4節　データ・セット JGSS-2005 …………………………………… 81
　第5節　推定結果とその解釈 …………………………………………… 85
　第6節　まとめ …………………………………………………………… 89

第5章　介護保険市場の定量分析―非営利組織の経営効率性― …… 93
　第1節　訪問介護サービス事業所の確率的フロンティア・モデル …… 94
　第2節　訪問介護サービスのデータ・セット ………………………… 99
　第3節　推定結果とその解釈 …………………………………………… 99
　第4節　まとめ …………………………………………………………… 107

第6章　社会的企業の定量分析 ………………………………………… 113
　第1節　社会的企業とは ………………………………………………… 115
　第2節　社会的企業へと移行する NPO ………………………………… 124
　第3節　社会的企業家精神と経営効率性 ……………………………… 130
　第4節　推定結果とその解釈 …………………………………………… 133
　第5節　まとめ …………………………………………………………… 138

第7章　ソーシャル・キャピタルの定量分析―賃金に与える影響― … 143
　第1節　ソーシャル・キャピタルと人事評価 ………………………… 145
　第2節　ソーシャル・キャピタルの定式化 …………………………… 151
　第3節　推定結果とその解釈 …………………………………………… 155
　第4節　まとめ …………………………………………………………… 163

　あとがき　169
　索　引　177

第 1 章
政府の失敗理論の定量分析 I

　非営利セクターは、これまで政府セクターにも経済セクターにも属さない残差的な存在という位置付けにすぎなかった。しかし、わが国を含め多くの国々で、政府が小さな政府へ移行するに伴い、民による公共財・サービスの供給主体としての非営利組織（NPO: Nonprofit Organization）は、多くのメディア、政治家、研究者に注目されるようになり、その社会的役割が広く大衆に知れわたることになった。それまで、一体どれだけのNPOが存在しているのか、どのような組織がNPOに分類されるのかさえも曖昧な状況であったが、国際的にもその社会的役割の重要度が増すにつれ、非営利セクターを研究対象として取り上げる研究者が増え始め、非営利セクターの正確な規模を把握しようと非営利セクターの規模に関するデータを収集し分析する国際比較研究も始まった。

　わが国に先駆けて欧米ではすでに、非営利セクターを他のセクターの残差として扱うにはあまりにその規模が大きいことが様々なデータから明らかとされていた。それと同時に、様々な国の研究者たちが、非営利セクターの規模にはある興味深い特色があることに気付き、それを指摘し始めた。それは、非営利セクターの規模には大きな地域差があるということである。例えば、James（1987）はアメリカのNPOセクターの州別規模の地域差を、Corbin（1999）はアメリカの大都市別規模の地域差を、そしてGronbjerg and Paarlberg（2001）やBen-Ner and Van Hoomissen（1992）はアメリカの群別規模の地域差をそれぞれ見出している。一方、Marcuello（1998）はスペインの群別規模の地域差を見出し、その要因について分析を行っている。また、

第 1 章　政府の失敗理論の定量分析 I

Salamon and Anheier（1998）、Salamon et al.（1999）（2000）は、国別規模の地域差の要因について議論を展開している。

　非営利セクターの規模を定量化する際に問題となるのは、それをどうやって測るかということである。上述の先行研究では、主に下記の 3 つのいずれかの方法により、NPO セクターの規模を測る試みがなされている。

(1)　NPO 数による把握：ある地域（都道府県、州、大都市圏、国など）の NPO の数を人口で除する
(2)　NPO に従事する労働者数による把握：ある地域で働く労働者数を非農業従事者数で除する
(3)　NPO の経済規模による把握：支出額で測る

　NPO セクターの規模を測る際の「ものさし」を何にするかにより、地域間格差の特色ももちろん変化するし、それぞれの計測方法には、独自の問題も存在する。(1)の方法では、支出が 100 万円の NPO も 1000 万円の NPO も同じ 1 団体として数えることになってしまう。(2)の場合、NPO が供給する財は農業生産物ではないため、非農業従事者で除することにより規模の効果を排除しようとしているが、はたしてそれが最も適切であるといえるであろうか。また、ボランティアを NPO で働く労働者数に入れるのかどうか、パートタイムとして従事している労働者が NPO には多いが、2 時間従事したものも 8 時間従事したものも、同じ 1 人の労働者としてカウントするのかなどの問題がある。(3)は、非営利サテライト勘定と呼ばれ、非営利セクターの現状を統計的に把握するために国民経済計算（SNA）の付帯統計としてジョンズ・ホプキンス大学のレスター・サラモン教授らと国連統計局により共同開発された方法である。この手法は、すでに定期的に政府が作成している SNA の土台の上に非営利サテライト勘定を作成するという点で、ゼロから新しい統計システムを構築するより、予算やマンパワーの側面から見てもはるかに現実的な選択肢である（山内・桝永 2005）。通常、NPO が産出する財・サービスは、市場で取引されない、あるいは経済的価値のない準公共財・

サービスである。ここで、準公共財・サービスとは、公共財・サービスではあるが私的財・サービスの性質を幾分含むものである。例えば介護サービスや教育、医療サービスなどがこれに該当する。NPO が産出する財・サービスは、市場で取引されない、あるいは経済的価値のない準公共財・サービスであるから、NPO の支出そのものを NPO の経済規模と見なすという考え方である。つまり、ある地域に属する NPO の支出をすべて合計したものが、その地域の非営利セクター規模となる。この手法は非営利セクターの規模を測る上では最も適切な手法であるといえるが、その試みは各国でまだ始まったばかりであり、統計解析を行うにはサンプル・サイズが小さすぎるという問題がある。

上述のような問題はあるものの、アメリカの州別の非営利セクター規模を(1)の方法で測るとすると、各州の間で非営利セクター規模に大きな違いがあることがわかる。図1-1から明らかなように、組織の本部が置かれていることの多い首都ワシントン DC を別格に扱うと、必ずしも人口の多い大都市で NPO の数が多いとは限らない。1999年時点では、人口1万人当たりの NPO 数の多い州を順に並べると、ヴァーモント州（VT）、アラスカ州（AK）、モンタナ州（MT）、ノースダコタ州（ND）、メイン州（ME）となり、ネヴァダ州（NV）は最低の NPO 密度となっている[1]。つまり、必ずしも人口の多い州に NPO が多いというわけではないということになる。

同様の特色をわが国でも観察することができる。NPO 法人（特定非営利活動法人）に限定したケースではあるが、都道府県別非営利セクター規模を(1)の方法で測ると、都道府県間で非営利セクターの規模には大きな地域差があることが見て取れる。コロンビア特別区がそうであるように、組織の本部が置かれていることの多い東京を別格に扱うと、図1-2が表すように必ずしも人口の多い大都市で NPO 法人が多いとは限らない。

---

[1] Stevenson et al.（1997）によると、コロンビア特別区の非営利組織の密度が例外的に高いのは、多くの非営利組織の国内・国際本部がそこに立地しているからだとしている。

第1章　政府の失敗理論の定量分析 I

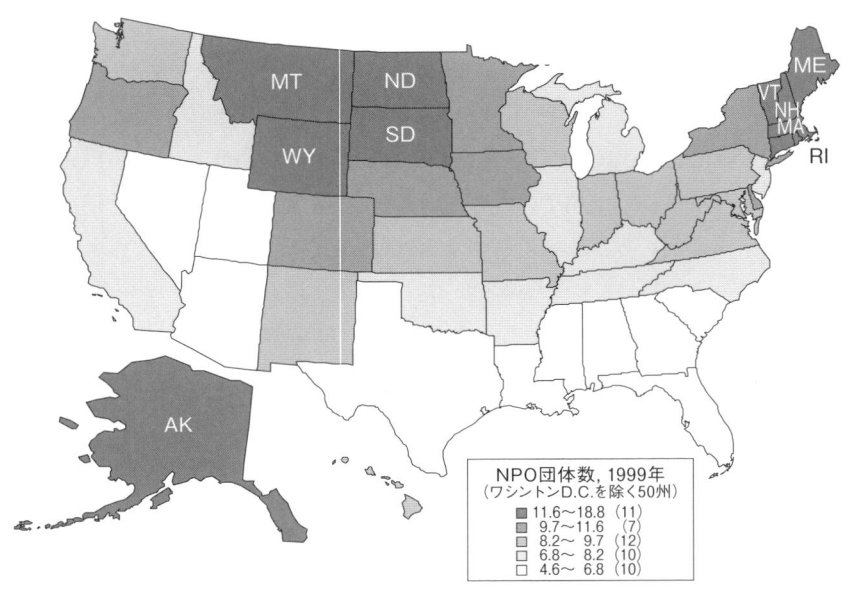

出典：NCCS コアファイル（1999）をベースに著者が作成
図1-1　アメリカ合衆国の人口1万人当たりの州別 NPO 数（1999年）

　では、どのような要因が NPO セクターの地域差をもたらしているのであろうか。この問題が、非常に重要な課題となっている。なぜなら、非営利組織が準公共財・サービス供給者として重要な社会的役割を果たしているという認識が、非営利組織研究者や非営利組織経営者、政策立案者の間で深まるにつれ、非営利組織の社会的役割を適用した新しい政策パッケージが提案されるようになったからである。非営利セクターの規模に地域差があるということは、すなわち民による準公共財・サービスの質あるいは供給量に地域差があるということに他ならない。質の高い準公共財・サービスをあまねく供給したい政策立案者としては、このような非営利セクターの地域差をなくすような政策パッケージも必要となってくる。そして、非営利セクターの地域差をなくすにはまずその地域差をもたらしている要因を探る必要がある。したがって、近年では政策立案者はもちろんのこと、社会科学者や経済学者までもがこうした課題に注意を払い、非営利セクターの規模に関する理論・実

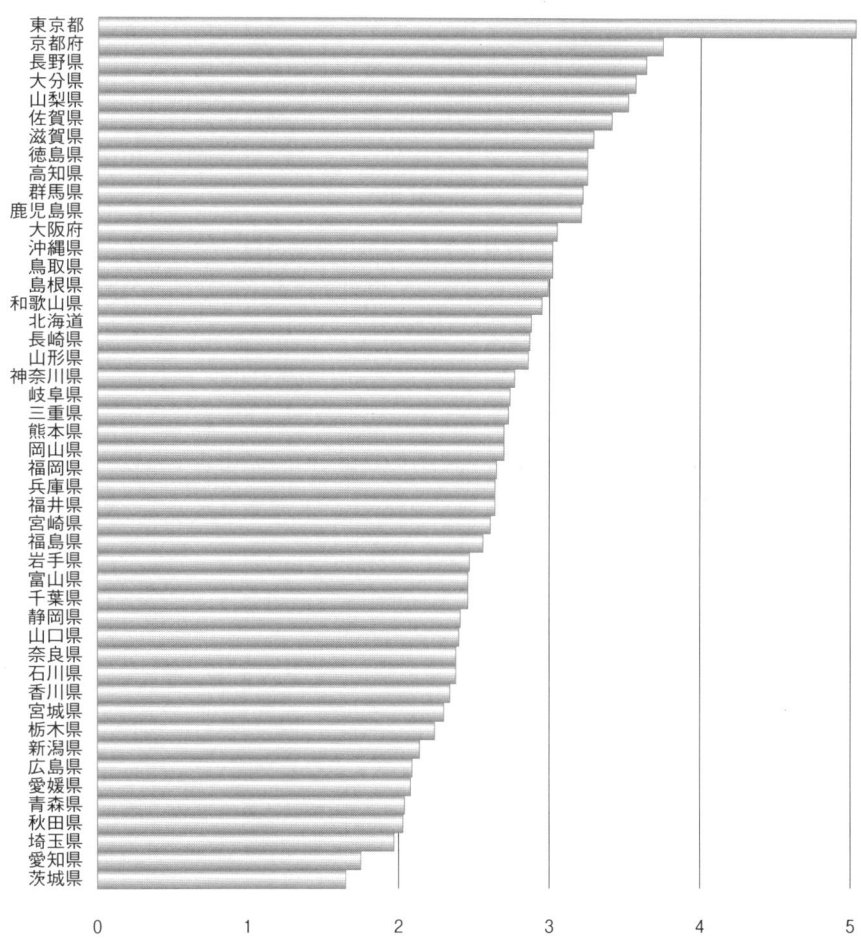

出典：内閣府NPOホームページ（website）内の特定非営利活動促進法に基づく申請受理数および認証数、不認証数等を参考に著者が作成

図1-2　わが国の人口1万人当たりの都道府県別認証NPO法人数（2010年5月時点）

証研究を行っている。

　地域による非営利セクターの規模の地域差を説明する最も有力な理論は、政府の失敗理論（Government Failure Theory）である。この理論の根幹をなすものは、準公共財・サービスに対する住民の需要の異質性（demand heterogeneity）

である。住民の準公共財・サービスに対する需要の異質性が高いということは、準公共財・サービスに対する好みが地域により大きく異なるということと同意である。政府セクターは、比較的大規模で一様な準公共財・サービスを供給することに長けている。その究極的なものが警察や消防、国防といった純粋公共財・サービスに近いものであろう。

一方、選挙で政権を覆させられる恐れのある準公共財・サービスの需要者は中位投票者[2]である。なぜなら、ある一定の条件で中位投票者の選択は多数決の選択と一致するからである（次節参照）。これが社会の選択となるため、政治家は中位投票者の需要を重要視する。つまり中位投票者の需要をターゲットに、政府は準公共財・サービスのバラエティや質・量を決めるのである。しかしながら、中位投票者以外の需要や、地域密着型の福祉サービスや教育・医療などの比較的小規模で多様性の高い準公共財・サービスを供給することに政府は長けてはない。このような地域特性の高い準公共財・サービス供給については、いつも後手の対応となりがちな政府は、地域住民の準公共財・サービスに対する選好を見誤ることが多い。つまり、政府は準公共財・サービスの供給に「失敗」することになる。他方、非営利組織は、機動性に富み地域に根差した活動を得意とする。非営利組織は政府とは対象的に、多様な準公共財・サービスを供給することに長けている。したがって、需要の異質性の程度が大きい地域であればあるほど、その需要を満たすべく活動を行う多種多様な非営利組織が誕生し、ひいてはその地域での非営利セクターの規模は増大する。それゆえ、政府の失敗理論が非営利セクターの規模の地域差を説明するかどうかを実証しようとすれば、需要の異質性が非営利セクターの規模の地域差の説明要因であるかどうかを検証することになる。もし需要の異質性が大きな地域では非営利セクターの規模も大きいということが実証されれば、政府の失敗理論が実証的に確認されたことになる。

このような視点から、需要の異質性が非営利セクターの規模に影響を与え

---

[2] 各投票者の選好に基づいた最適点を一直線に並べたとき中央値となるような最適点を持つ投票者のことを中位投票者という。

るかどうかを検証することにより、政府の失敗理論の実証研究を試みた先行研究は多い。しかしながら、先行研究の中には、政府の失敗理論の頑健性を実証的に確認できなかったものも多い。例えば、Abzug and Turnheim（1998）、Marcuello（1998）、Salamon et al.（2000）、Gronbjerg and Paarlberg（2001）などが挙げられる。これらの先行研究が政府の失敗理論の予想と矛盾する分析結果を得た理由は、データの問題や検証方法などを含めいくつか考えられるのだが、とりわけ何人かの研究者は、政府の失敗理論そのものに疑念を抱き始め、政府の失敗理論に代わる理論の開発に取り組み始めた。例えば、Salamon et al.（2000）は、相互依存理論（interdependence theory）を紹介している。Salamon et al.（2000）の分析手法およびその結果については、第 2 章で詳しく述べることにするが、相互依存理論は、社会的問題を解決する際に生じる非営利セクターと政府セクターの密接な協力関係に着目する。相互依存理論によれば、政府（地方・中央）の準公共財・サービスへの支出額と非営利セクターの規模との間には正の関係が存在する、という。

　しかしながら、先行研究の中で政府の失敗理論を実証できなかったことの要因は、その理論に問題があるのではなく、推定モデルの定式化に誤りがあったからかもしれない。Corbin（1999）によると、政府の失敗理論の正しい実証分析方法とは、需要の異質性だけでなく、政府による準公共財・サービスの直接支出も考慮に入れる必要があり、政府支出の影響を考慮することなく需要の異質性の説明力だけを検証してきた先行研究は、正確に政府の失敗理論を検証しているとはいえないとする。しかしながら、Corbin（1999）は、準公共財・サービスへの政府支出に関するデータが利用不可能であったことから、真の検証を行うことはできていない。Marcuello（1998）やGronbjerg and Paarlberg（2001）、Salamon et al.（2000）は、準公共財・サービスへの政府支出のデータを入手できていたものの、理論が示唆する実証結果を得ることはできなかった。理論から導かれる仮説が実証されなかったことを考慮すると、Corbin（1999）によって初めて示された政府の失敗理論に関する真の検証に則り、政府の失敗理論の実証研究を再度試みることは、十分価値があるものと考える。

ところで、非営利セクターの規模の地域差要因を説明する理論としては、政府の失敗理論のほかに、社会的結束理論（Social Cohesion Theory）、市場の失敗理論（Market Failure Theory）あるいは契約の失敗理論（Contract Failure Theory）、新制度論（Neo-institutional Theory）などがある。

　Ben-Ner and Van Hoomissen（1991）によると、社会的結束は、利害関係者の中で組織を形成するのに必要とされる重要な要素の1つである。この理論の詳細な説明は次節に譲るが、この理論によると、市民が社会的に結束したり社会的価値を共有していたり、共通の絆を有していたりする地域では、非営利組織の設立や経営に必要な人的資源を比較的容易に入手することができるとされている（Corbin 1999）。要するに、社会的結束力の高さは非営利セクターの規模を拡大させるという仮説が成り立つことになる。

　一方、契約の失敗理論（市場の失敗理論）（Hansmann 1980, Young 2001a）のポイントは情報の非対称性と利潤の非分配制約という2つの概念である。一般に、準公共財・サービスの生産者は、その質、供給量、生産コストなどに関して消費者よりも詳細な情報を持つとされる。この状態を情報の非対称性が存在すると表現する。財・サービスの取引市場において、著しい情報の非対称性が消費者と生産者の間に介在する場合、利潤を追求することを第一の活動目的とする営利組織は消費者を騙してでも利潤を最大化しようとする。産地偽装や内容物に関する虚偽記載等の不正が後を絶たないのはそのためであるとされている。ところが、営利組織と異なり非営利組織には利潤の非分配制約が課せられている。つまり経済活動により得られた利潤は非営利組織のスタッフや理事等に分配されるのではなく、次のミッション（使命）[3]のために用いられることになる。そのため消費者を騙してまで利潤を追求しようとするインセンティブは非営利組織にはない。このことを知っている合理的な消費者は営利組織からではなく非営利組織から準公共財・サービスを購入しようとする[4]。つまり、情報の非対称性が比較的著しい準公共財・サービスに対する需要が認められる地域では、相対的に見て営利セクターのマー

　3）組織の存在意義について誰もがわかりやすくかつ端的に表現したもの。

ケット・シェアは縮小し、非営利セクターのマーケット・シェアは拡大するという仮説が成立することになる。つまり、契約の失敗理論の頑健性を実証するには、非営利組織と営利企業の相対的なマーケット・シェアを分析することが必要となる（Corbin 1999, Young 2001a）。残念ながら、理論的アプローチ[5]に比べ、契約の失敗理論の頑健性について実証的アプローチを行った先行研究は著者の知る限り存在しないが、例えばわが国の介護保険市場などの非営利組織と営利組織が利用者をめぐって競争している混合経済は、市場の失敗理論の頑健性を実証するための研究対象となると考えられる。

　ここで、新制度論を簡単に概観しておくことも有益であろう。典型的な経済モデルでは、組織行動は個人行動の集合とみなされている（Zucker 1987）。しかしながら、新制度論は、このような見方を否定している。個人の目的や選好は社会を離れては存在しえず、何らかの社会的な認知や規範によって外部から与えられるものである。このような社会的な認知や規範が「制度」である。新制度論では、無分別であったり、慣習的であったり、当然のことのように見える人の行動、目的、選好、関心などは、「制度」によって規定されている（Powell and DiMaggio 1991）。DiMaggio and Powell（1983）によると、組織の重要かつ決定的な制度化プロセスの1つは模倣である。すなわち、何

---

[4] 購入する前だけでなく購入した後でさえ財の質を検査することはコストがかかる場合があるので、消費者は営利の供給者よりも非営利の供給者を好むかもしれない（Rose-Ackerman 1996）。

[5] 例えば、Ben-Ner（1986）は、消費者が直接組織をコントロールした方が、市場を介して組織をコントロールするより、高い消費者厚生を得られると判断したときに、非営利組織は設立されると述べている。つまり消費者が、自ら非営利組織を設立し、それをコントロールし、欲するサービスを供給するほうが、市場メカニズムを利用するより消費者厚生が増すと判断した場合、非営利組織は設立されるのである。ただし、消費者に起業家精神が備わっていることが条件である。Easley and O'Hera（1983）は、消費者と非対称な情報を持つ企業の経営者の間のゲームを考え、消費者がコストを支払うことなしにはアウトプットの特徴を観察できない時に、非営利組織は営利企業に優位するということを示した。Handy（1997）はまたこの理論を応用し、どのようにして非営利組織や営利組織、公営企業が市場で共存しているのかについて説明を加えている。

第1章　政府の失敗理論の定量分析 I

を選択すれば良いのかについて確信が持てない時、すでに他者が成果を得ている要素を採用するのである。DiMaggio and Powell（1983）が指摘する生態学的な動学理論に従うと、Lincoln（1977）や Corbin（1999）、Gronbjerg and Paarlberg（2001）がいうように、過去における非営利組織の数は将来における非営利組織の数を決定するということになる。こうした制度的な模倣的同型化のプロセスを検証する1つの方法としては、組織の数がそれ以前に同様に設立された組織の数に関連して増加しているかどうかを実証的に分析することである。Stingh et al.（1991）は、ボランティア社会サービス組織（VSSO）の t 期におけるすべての設立数を、VSSO の消滅数、$t-1$ 期に存在している VSSO の数、その他関連する制度的な変数に回帰させることによって検証を行った。その結果、過去の組織の設立数や消滅数、制度的な変化が、現在の組織の設立数に影響を及ぼしていることを明らかにした。他方、Abzug and Turnheim（1998）は、t 期における州ごとの 501(c)(3)[6]団体の期間増加数を、$t-1$ 期における 501(c)(3) 団体の数に回帰することにより、新制度論を検証しようとした。その推定結果から、過去に設立された組織の数が説明力を持ち、それにより制度的な模倣的同型化仮説が支持されるということが明らかとなった。

しかしながら、そのような生態学的な動学理論は、その性質上、かなり長い期間の時系列データを必要とする。そのため、短期間のデータで行った Stingh et al.（1991）や Abzug and Turnheim（1998）による新制度論の検証は十分信頼性の高いものであるとはいえない。このようにデータ制約により、多くの非営利組織研究者は、十分説得力のある模倣的同型化仮説の検証を行えていないのが実情である。

本章で試みる政府の失敗理論の検証は、もちろん、多くの先行研究を参考

---

[6] 内国歳入庁（IRS: Internal Revenue Services）が規定する 501 条(c)項(3)号団体として認定されると、その団体は、自身が連邦法人所得税免税の減免措置を受けられるだけでなく、NPO に寄付する個人や法人の寄付金も税控除の対象となる。このような団体は 501(c)(3) と略表示される。

に行われるわけであるが、その中で特に重視する先行研究は Corbin（1999）である。すなわち、Corbin（1999）のような、政府の失敗理論に関する真の検証を行うことが本章の目的である。加えて、非営利組織と政府の相対的な関係にも着目する。一般に政府は非営利組織が準公共財・サービスの生産を行うに際し、補助金という形で、財政的な支援を行っている。その理由は、非営利組織が中位投票者以外の者への準公共財・サービスの供給という点で、政府と比べて相対的に優位性を有しているがゆえに、「小さな政府」を目指す政府は準公共財・サービスの生産や供給について、非営利組織にその役割を譲っているからである。要するに、政府がそれまで担っていた準公共財・サービスの供給という役割の一部を非営利組織に補完してもらう一方で、非営利組織に対し財政的な支援を行っていることになる（James 1987, Smith and Lipsky 1993, Frank and Salkever 1994, Kapur and Weisbrod 2000）。準公共財・サービスの生産・供給に際して生じる非営利組織・政府の協働関係という観点から、この仮説を「補完的財政支援仮説（complementary financing hypothesis）」と呼ぶことにしよう。このような、非営利組織と政府との関係は、James（1987）や Kapur and Weisbrod（2000）によって指摘されているが、その関係を実証した先行研究は存在しない。ここでは、補完的財政支援仮説の妥当性も加えて検証することにより先行研究にさらなる付加価値を加えたい。

第 1 節　非営利セクターの規模の地域差

(1) 政府の失敗理論

中位投票者理論によると、様々な準公共財・サービスの中からどれを供給するか政治家が 1 つだけ選ぶことができ、すべての投票者の選好が単峰的であるとき、多数決原理という政治過程を通じて、準公共財・サービスの供給水準は、選好順位が中位の投票者が最適だと思う水準に決定される。もっとわかりやすくいうと、政治家の目的は選挙に当選することであるから、中位投票者が好ましいと思う準公共財・サービスを供給するように政治家は行動するということである。つまり、準公共財・サービスの供給水準は政治過程

を通して決まるとされている（Weisbrod 1986, 1988, Young 2000b, Gronbjerg and Paarlberg 2001）。

　準公共財・サービスの供給におけるこのような政府行動への制約は、政府が供給する準公共財・サービスは、その同質性が高くなる傾向にあることを意味する。その結果、中位投票者以外の者の中には、政府が供給する同質性の高い準公共財・サービスを選好せず、満たされない需要に不満足を感じる者が生じる。つまり、政府は準公共財・サービスの供給に「失敗」していることになる。

　不満を感じる中位投票者以外の者の中には、準公共財・サービスに対する満たされない需要を満たしてくれる非営利組織を設立もしくは発見しようとする。政府と同じように、非営利組織もまた準公共財・サービスの生産および供給主体であるが、その供給対象は、満たされない需要を抱える中位投票者以外の者である。中位投票者理論が示唆するような準公共財・サービス供給に関する制約に非営利組織は直面しないから、非営利組織は政府とは異なり、異質性の高い準公共財・サービスを供給することが可能である。加えて、非営利組織はボランティアや寄付[7]を活用することにより、準公共財・サービスの生産・供給コストを低く抑えることもできる（James 1987, Kapur and Weisbrod 2000）。つまり、異質な準公共財・サービスの生産・供給という点において、非営利セクターは政府セクターと比較して優位な立場にある。こうして、非営利セクターは、政府セクターが供給できないために満たされない需要が存在する準公共財・サービスを政府セクターに代わり供給するという社会的役割を担うことになる。その一方で政府は、これまで支出してきた準公共財・サービスの供給に費やす直接支出はカットして、小さな政府を目指すことになる。

　図1-3は、このような政府セクターと非営利セクターの関係について図示したものである。準公共財・サービスに対する中位投票者の需要は政府に

---

7) 寄付には企業が行うものと個人が行うものがあるが、本書では特に断りのない場合、寄付は個人寄付を指す。

第1節　非営利セクターの規模の地域差

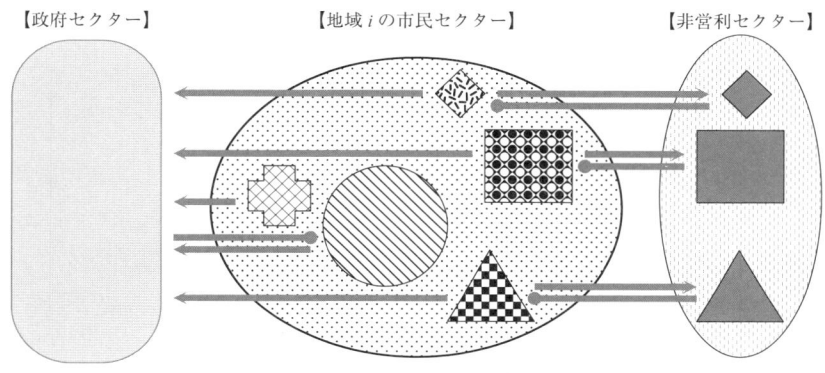

出典：著者作成
図1-3　中位投票者と政府の失敗理論

よって満たされている。一方で、中位投票者でない市民は、準公共財・サービスに対する需要は政府によっては満たされない。そこで中位投票者でない市民は、その需要を満たしてくれる非営利組織を探すか、あるいは市民が非営利組織を設立し、自らその需要を満たそうとする。

　政府がどれだけ異質な準公共財・サービスを供給できるかということは、政府の財政状況にも依存する。もし政府が準公共財・サービスに対する満たされない需要を減らすことができたとすると、非営利セクターが準公共財・サービスを供給する必要性は減少してゆく。つまり、政府の準公共財・サービスの供給に関する「失敗」は、様々な準公共財・サービスの供給に充てることができるほど十分な財政支出が可能である場合には、解消される。このとき、政府セクターの失敗を補うという非営利セクターの役割は薄れ、非営利セクターの規模は小さくなる。Weisbrod（1975）（1986）が示唆するように、準公共財・サービスに対する需要の不均一性が大きい国や地方では、非営利セクターの規模は大きくなり、政府セクターの規模は小さくなる。したがっ

13

て、準公共財・サービスに対する政府支出額と非営利セクターの規模との間には負の関係が存在すると予想される。

以上を鑑みると、政府の失敗理論が示唆する仮説は次の2つである。

仮説1：需要の異質性の拡大は、非営利セクターの規模に対して正の影響を及ぼす。

仮説2：準公共財・サービスに対する政府支出の増加は、非営利セクターの規模に対して負の影響を及ぼす。

これまでの政府の失敗理論の実証を目的とする先行研究の多くは、仮説1のみを検証していた。しかしながら、Corbin（1999）によると、政府の失敗理論に関する正しい検証とは、上述の2つの仮説を検証することである。

一方、政府は、非営利組織の活動を支えるために多額の補助金を拠出しているという事実を鑑みると、政府の失敗理論は、その補題ともいうべき「補完的財政支援仮説」を導き出してくれる。およそ合理的な政府は、準公共財・サービスの供給に関し非営利セクターは優位性を有するということを認識している。中位投票者のみならず中位投票者以外の者からの支持も得て政権のさらなる安定を図りたい政府は、非営利セクターによる様々な種類の準公共財・サービスの生産・供給を促すため非営利セクターを財政的に支援することになる。補助金などの公的支援は非営利セクターにとって主要な収入源なので、政府セクターが非営利セクターに多種多様な準公共財・サービスを生産・供給する役目を委ねると、非営利セクターは政府より公的支援を受け、さらなる成長を遂げることとなる。つまり次の仮説3を検定することは、補完的財政支援仮説を検定することに他ならない。

仮説3：公的支援の増加は、非営利セクターの規模に対して正の影響を及ぼす。

複数の研究者が、この政府セクターと非営利セクターとの関係（補完的財政支援仮説）について論じている（James 1987, Salamon 1987, Smith and Lipsky 1993, Frank and Salkever 1994, Salamon et al. 2000, Kapur and Weisbrod 2000, Gronbjerg and

Paarlberg 2001)。しかしながら、この仮説を検定した先行研究は少ない。

(2) 社会的結束理論

　政府の失敗理論および補完的財政支援仮説だけで、非営利セクター規模の地域差が生まれる理由を完全に説明できるわけではない。政府の失敗理論に加えて本章で実証するのは、社会的結束理論である。社会的結束の重要な前提条件は、社会的同質性である（Cohen 1982, Corbin 1999）。Ben-Ner and Van Hoomissen（1992）およびMarcuello（1998）によれば、同じような選好を持ち、社会的に結束したグループの存在は、非営利組織の設立に優位に働く。そして、社会的結束力は、経済的、宗教的、文化的、倫理的、民族的、教育的背景を利害関係者間でどの程度共有しているかということと正の関係にある一方、利害関係者間の地理的な散らばり具合と負の関係にある、としている。要するに、社会的に結束したグループ内のメンバーの選好は同質であることになる。

　社会的結束力の水準を測る指標としては、都市化水準があげられる。なぜなら、都市化は社会的に結束した活動を低下させ、コミュニティの統合を阻害し、ひいてはコミュニティのメンバーが非営利組織を支援する能力を減退させることとなるからである（Lincoln 1997, Gronbjerg and Paarlberg 2001）。同様に、犯罪率は社会的結束の水準を測る指標となる。これは、安全でない居住環境はコミュニティの統合や社会的に結束した活動を阻害する可能性があるからである。そこで、社会的結束理論から、検証すべき仮説としては次の2点が挙げられる。

　仮説4：都市化は社会的結束を弱めるため、都市化は非営利セクターの規模に対して負の影響を及ぼす。
　仮説5：犯罪率の増加は社会的結束を弱めるため、犯罪率の増加は非営利セクターの規模に対して負の影響を及ぼす。

(3) コミュニティの経済的状況：「市場（契約）の失敗」と「社会学」の視点

　競争市場においてフェアーな財・サービスの取引が行われるためには、取引される財・サービスに関するすべての情報は、本来生産者と消費者の間で共有されていなければならない。しかしながら、実際には財・サービスに関する情報は、生産者の側に偏っている傾向にある。これは、生産者は取り引きする財・サービスの質や量に関して消費者より多くの情報を保持しているからである（Hansmann 1987）。支払いが行われるまで購入を希望する財・サービスについて消費者が知りたいすべての情報を知ることができない場合、生産者と消費者の間にいわゆる「情報の非対称性」が存在する（Ben-Ner 1986, Anheier and Ben-Ner 1997）。消費者が高いコストを払わなければ情報の非対称性を解消できないとき、利潤最大化行動をとる営利組織は、消費者を騙してでも売りつけようとするため、騙されまいとする消費者は、営利組織から財・サービスを買うことを控えることになる（Young 2001a）。いわゆる「契約の失敗（市場の失敗）」である。情報の非対称性に関連したコストは消費者にとって決して無視できるほど低いものではない。したがって、情報の非対称性が比較的顕著な財・サービスであるとき、消費者は営利組織より非営利組織からの供給を望むことになると考えられる。なぜなら非営利組織は、利潤を得ることはできてもそれを利害関係者間で分配することができないという利潤の非分配制約により消費者を騙して利潤を追求するインセンティブはないに等しく、情報の非対称性の存在を発端とするこのような問題とは無縁であるからである。このように、契約の失敗理論は、「情報の非対称性」と「利潤の非分配制約」により、非営利組織がなぜ存在するのか、どのような財が取引されるとき非営利組織が営利組織より消費者に好まれるのかを説明しようとするものであり、需要サイドの議論である。

　ところが、もし消費者が非対称な情報を解消するために必要な高いコストを負担することができるくらい裕福ならば、非営利組織を取引相手に選ぶことへのこだわりは薄れる。そして裕福な消費者は、非営利組織ではなく営利

組織を供給者に選ぶかもしれない（Easley and O'Hara 1983）。それゆえ、平均個人所得がより高いコミュニティは非営利活動と関係が希薄となり、そしてより裕福なコミュニティは他のコミュニティと比較して営利セクターに対する依存度が大きくなる（Ben-Ner and Van Hoomissen 1992）。つまり1人当たり所得の上昇は、非営利セクターの規模に対して負の影響を及ぼすことが予想される。

　これに対して、社会学的な視点からは、裕福な人々が教育・文化機関のような多くの非営利組織を設立し、継続的にその非営利組織を支援している（Hall 1987, McCarthy 1982, DiMaggio 1987）ということができる。例えば、歴史を振り返って見ると、上流階級の人たちは、有能な芸術家たちを雇用するために非営利組織を設立した。そうすることが、名声と威信を得る1つの方法であったとされている（DiMaggio 1987）。したがって、裕福な人々が増えると、1人当たりの所得が上昇するから、非営利組織の設立は促進される。つまり、1人当たり所得は非営利セクターの規模に対して正の影響を及ぼすと考えられる。この社会学的な視点からの議論は、準公共財・サービスの供給サイドの議論である。

　このような、1人当たり所得が非営利セクターの規模に及ぼす2つの相反する影響を考慮に入れて、以下のような仮説を設定する。

仮説6：需要（供給）サイドの影響が供給（需要）サイドの影響を上回る時、1人当たり所得の上昇は非営利セクターの規模に対して負（正）の影響を及ぼす。

第2節　政府の失敗理論に関する先行実証研究のレビュー

　非営利セクターの規模の地域差を決定する要因を探ろうと、これまでに数多くの研究者が実証研究を行っている。表1-1には、いくつかの先行研究の分析結果がまとめられている。これらの先行研究に共通しているのが、説明変数に、需要の異質性を測る指標を用いていることである。特に表1-1の3

列目に示されている説明変数は需要の異質性の代理変数を表している。先行研究によって、需要の異質性は、宗教や人種、失業率、教育業績、都市化、貧困率など、多岐にわたる経済社会的指標で測られている。しかしながら、需要の異質性を表す係数の符号や有意性はまちまちであり、需要の異質性の説明力は実に不安定である。Ben-Ner and Van Hoomissen（1992）や Gronbjerg and Paarlberg（2001）、Marcuello（1998）による先行研究では、需要の異質性が説明力を持つかどうかは、どのような変数が代理変数として選定されているかだけではなく、非営利組織が従事する活動分野にも依存することが示されている。

一方、Salamon et al.（2000）は、宗教を用いて需要の異質性の説明力を検証したが、宗教は全く説明力がないことを明らかにした。そのことにより、彼らは政府の失敗理論は非営利セクター規模の地域差を説明する要因ではないと結論付けている。Gronblerg and Paarlberg（2001）もまた、宗教の多様性を需要の異質性の代理変数として用いている。しかしながら、需要の異質性が非営利セクターの規模、特にアドボカシーや共済に従事する非営利セクターの規模に対して負の影響を及ぼすことを明らかにした。Corbin（1999）や James（1997）もまた宗教を用いて需要の異質性を分析したが、非営利セクターの規模に対して正の影響を及ぼしていることを明らかにしている。宗教の多様性に加え、Corbin（1999）は人種の多様性を用いて需要の異質性を分析し、非営利セクターの規模に対して正の影響があることを報告している。Abzug and Turnheim（1998）もまた人種を用いて需要の異質性を分析したが、それは全く説明力がないと結論付け、政府の失敗理論の妥当性に対して疑問を呈している。

Ben-Ner and Van Hoomissen（1992）は、ニューヨーク州における教育歴や貧困率、人種の多様性を需要の異質性の代理変数とし、教育歴により測られた需要の異質性は社会サービス・セクターや教育セクター、デイケア・セクターに対して正の影響を及ぼしていることを明らかにした。一方、貧困率を需要の異質性の代理変数とみなした場合、需要の異質性は社会サービス・セクターにおける雇用者数にのみ正の影響があることを示した。彼らはまた、

表1-1 先行研究サーベイ

筆者	被説明変数	需要の異質性	効果	政府の財政状態	効果	非営利組織に対する政府の補	効果
Corbin (1999)	非営利社会サービス団体数	宗教	(+)	—	—	—	—
		人種	(+)				
Ben-Ner and Van Homissen (1992)	非営利セクターの雇用	教育	(+)1	地方政府の雇用	(−)4	—	—
		貧困	(+)2	州政府、連邦政府の雇用者数	(+)5		
		人種	(?)3				
Abzug and Turnhein (1998) 11	501(c)(3)団体の増加数	人種	(*)	Moody's 地方債比率	(*)	—	—
Gronbjerg and Paarlberg (2001)	非営利団体数(インディアナ州)	宗教	(−)6	州立図書館の支出	(−)7	連邦政府からの助成と契約	(*)
Marcuello (1998)	非営利団体数(スペイン、カタロニア)	高等教育を受けた人口の割合	(*)8	地方政府の支出	(?)10	公的交付金	(*)11
		失業率	(?)9				
James (1993) 12	国内の私立教育セクターの相対的規模	宗教	(+)	GDP に占める政府支出の割合	(−)	公的交付金	(+)
		言語	(*)				
		ジニ係数	(*)				
James (1987) 12	私立校の比率	宗教	(+)				
		人口密度と都市化	(+)13				
		都市化	(+)13				
Salamon et al. (2000)	非農業雇用に占める非営利セクターのフルタイム換算雇用の割合	宗教	(*)	GDP に占める政府の社会的支出の割合	(+)		
				非営利セクターの歳入に占める公的資金の割合	(+)	非営利セクターの歳入に占める公的資金の割合	(+)

(+)は正の効果、(−)は負の効果、(*)は統計的に有意でないこと(有意水準10%以下で検定)、(?)は不明瞭であることを示す。

1:社会サービス、教育、デイケア部門。2,5:社会サービス部門。3:社会サービス、教育部門。4:保健医療部門。6:アドボカシー、相互利益団体、すべての非営利団体。7:相互利益団体。8:福祉サービスと総括部門。9:文化と総括部門で正の効果であるが、福祉部門においては負の効果である。10:総括部門において正の効果であるが、文化、福祉サービス部門では統計的に支持されない。11:文化部門。12:教育部門。13:1人当たり収入を説明変数にいれると、この効果はみられない。

人種により表された需要の異質性は、教育セクターにおいては正の影響を示す一方で、社会サービス・セクターにおいては負の影響を及ぼすことを見出している。

　Marcuello（1998）は、失業率を需要の異質性の代理変数とし、失業率が特に文化活動に従事する非営利セクターの規模に対して正の影響を及ぼす一方、福祉サービスに従事する非営利セクターの規模に対しては負の影響を及ぼすことを見出している。

　しかしながら、Corbin（1999）が主張しているように、需要の異質性だけを単独で検証することを、政府の失敗理論について真に検証するものであるとはいえない。Corbin（1999）による真の検証を行うためには、需要の異質性および準公共財・サービスに対する政府支出の係数それぞれを、同時に検証する必要がある。いくつか先行研究では、この2つの説明変数の説明力について同時に検証している。先行研究のうち、Ben-Ner and Van Hoomissen（1992）や Gronbjerg and Paarlberg（2001）、Marcuello（1998）は、Corbin（1999）の真の政府の失敗理論の検証を実践したとみなすことができる。ただし、仮説1から3すべてを統計的に支持するという結果は得られていない。Gronblerg and Paarlberg（2001）はインディアナ州における郡立図書館支出を、政府の規模を表す適切な代理変数と考え、郡立図書館支出が大きい場所であるほど非営利セクターの規模は小さくなることを見出した。Marcuello（1998）は、地方政府の教育、福祉サービスに関する支出が大きくなるほど、非営利セクターの規模は大きくなることを見出している。一方、James（1987）は、政府の失敗理論が示唆する通り、政府による教育への支出と非営利セクターの規模の間に負の関係があることを見出している。

　先行研究から明らかなように、需要の異質性および政府の規模双方の係数の有意性についての結果はまちまちであり、一貫性に乏しい。いったいなぜこのような実証結果となったのであろうか。その理由として次の4つのケースが挙げられる。第1に、需要の異質性は、非営利セクターの規模とは全く関係がないケースである。つまり政府の失敗理論は、非営利セクターの規模の地域差を説明することができないケースである。第2に、需要の異質性は

説明力を持つが、サンプル・サイズが小さいことから、統計的に信頼性の高い検証が行われていないケースである。第3に、先行研究では、需要の異質性の代理変数として、宗教の多様性や人種の多様性、貧困率などを用いているが、それらが適切な代理変数ではないケースである。そして最後に、検証モデルが定式化の誤り（specification error）を有しているケースである。第2のケースであれば、サンプル・サイズを増やすことで問題が解決できるかもしれない。最後に挙げたケースなら、先行研究の実証結果については注意が必要となり、より適切なモデルを用いてその結果を再検証する価値がある。この場合、より適切なモデルは正確に非営利セクターの特徴を反映している必要がある。このことについては、次節で詳しく述べる。

第3節　政府の失敗理論の推定モデル

　非営利セクターの規模の地域差を説明する理論として、政府の失敗理論を実証的に指示できるかどうかを検証するために、本節ではアメリカのデータを用いてパネル・データ分析を行うことにする。前節で述べたとおり、需要の異質性を観測することは容易なことではない。宗教の多様性や人種の多様性などは、先行研究の中の検証モデルにおいても、観測可能な需要の異質性（*Observable Demand Heterogeneity*）の代理変数として、説明変数の1つに組み込まれている。しかしながら、需要の異質性の中には、観測不可能な、あるいは定量的に観測することがきわめて難しいものがある。具体的には、その州に住む人たちの慣習、風習、しきたり、思想などである。これらはすべて、その州の独創性を形作るものであり、いわば州のアイデンティティであるが、一般に、これらを定量的に把握することはかなりの困難を伴う。パネル分析の特色の1つは、こうした観測不可能な需要の異質性（Unobservable Demand Heterogeneity）を固定効果あるいは変量効果によってコントロールすることができることである（Greene 2000, Baltagi 2001）。この特色は、政府の失敗理論の実証にはきわめて有用である。なぜなら、政府の失敗理論の核をなす需要の異質性を、観測不可能な需要の異質性を反映した固定効果（一元配

置、あるいは二元配置）モデルの定数項に見立てることができるからである。
観測不可能な需要の異質性をコントロールすることなしに行われる、時系列
およびクロスセクション・データによる研究は、結果にバイアス（異質性バ
イアス）が生じている恐れがある（Moulton 1986, 1987 を参照）。

　もし検定の結果、観測不可能な需要の異質性がモデルにとって欠かすこと
のできない要素であるということが判明すれば、観測可能な需要の異質性だ
けでなく、観測不可能な需要の異質性もまた重要な要素となり、それを加味
していない先行研究の結果には異質性バイアスが存在することになる。つま
り表 1-1 で示される先行研究の実証結果は、異質性バイアスを伴う信頼性の
低いものであったかもしれないということになる。だからこそ、宗教の多様
性や人種の多様性、貧困率、教育水準によって代理的に計測された需要の異
質性は、説明力がなかったり、説明力を持っていたけれども、その係数は
誤った符号であったりするなど、一貫性のない検定結果を生んでいたのかも
しれない。つまり、こうした曖昧な分析結果となったのは、政府の失敗理論
に頑健性がないからではなく、先行研究で検証された非営利セクターの規模
モデルに異質性バイアス（つまり、定式化の誤り）が存在していたからでは
ないだろうか。

　そこで本章では、政府の失敗理論の頑健性について再検証を行う。パネ
ル・データ分析の枠組みの中で行う。まず、i 地域、t 期の非営利セクター
の規模（SNS_{it}）を式(1-1)のように定義する。

$$SNS_{it} = \frac{\sum_{q=1}^{Q} NPO_{qit}}{POP_{it}}. \tag{1-1}$$

ここで、NPO_{qit} は i 地域、t 期における非営利組織 q である。したがって、i
地域、t 期では、合計で $\sum_{q=1}^{Q} NPO_{qit}$ 団体が存在することになる。一方、
POP_{it} は i 地域、t 期における人口である。人口による規模の効果を取り除く
ために、非営利組織の総数を人口で除している。

　非営利セクターの規模に関する定義に基づいて、本章の非営利セクターの
規模モデルを表すと、式(1-2)のようになる。

第3節　政府の失敗理論の推定モデル

$$SNS_{it} = \delta + \beta' X_{it} + u_{it}. \tag{1-2}$$

ここで、δ はスカラー、β は $k \times 1$ のベクトルである。そして、X_{it} は i 地域、t 期の説明変数（k 個）である。撹乱項は $u_{it} = \mu_i + e_{it}$（一元配置誤差の撹乱項（one-way error component disturbances））もしくは $u_{it} = \mu_i + w_t + e_{it}$（二元配置誤差の撹乱項（two-way error component disturbances））のいずれかである。そして、μ_i はその地域特有の効果（クロスセクション効果）を捉え、w_t は地域間では不変であるが、時とともに変化する事象の効果（時系列効果）を表す。これは、非営利セクター全体に影響を与える経済・政治体制の変遷などを捉える変数である。例えば、米国における 1993 年の包括的調整法（Omnibus Reconciliation Act）や 1996 年の連邦福祉制度改革法（Federal Welfare Reform Legislation）、1996 年の中小企業税法（Small Business Tax Bill）、1997 年の非課税借入金（Tax Exempt Borrowing）に対する上限の廃止などの効果である。また、e_{it} は確率的撹乱項であり、平均 0、分散 σ^2 の独立同分布（IID: Independent and identically distributed）に従うものとする。

パネル・データ分析の特色は、観測できない異質性に関する効果を、固定効果もしくは変量効果により捉えることができるということである。一元配置誤差あるいは二元配置誤差モデルにおいて、μ_i が固定効果であるケースでは、$Cov(X_{it}, \mu_i) = 0$ という仮定が成立する必要はないが、変量効果であるケースでは $Cov(X_{it}, \mu_i) = 0$ という仮定が成立していなければならない（Wooldridge 2002 を参照のこと）。

さて、式(1-2)の被説明変数（非営利セクターの規模）については、式(1-1)に従い 1992 年から 1999 年までのアメリカの州ごとの非営利組織数で測ることにする。州ごとの非営利組織の数に関するデータは、米国のシンクタンクであるアーバン・インスティテュート（UI: Urban Institute）の NCCS（The National Center for Charitable Statistics）が提供している。NCCS が無償提供している CD-ROM には、内国歳入庁（IRS: Internal Revenue Service）の IRS ビジネスマスターファイル（Business Master Files）とリターントランザクションファイル（Return Transaction Files）から構築されている NCCS コアファイル（NCCS

Core Files) が含まれている。そのコアファイルには、Form990 もしくは From990-EZ を IRS に提出した 200,000 以上の 501(c)(3) 団体の所在地や収支に関する情報など、およそ 100 種類の情報が含まれている。

本章付録 1 では、推定に使用するデータの出所の一覧が示されている。なお、ダミー変数を除くすべての変数は、自然対数の形で表現していることに注意が必要である。

本章では、観測可能な需要の異質性の代理変数として先行研究で取り上げられている変数はできる限り式(1-2)の説明変数に組み入れている。年齢による需要の異質性（AGE_{it}）、人種による需要の異質性（$RACE_{it}$）、失業率による需要の異質性（$UNEMP_{it}$）がそれにあたる。これら 3 つの変数は、先行研究において需要の異質性を測定するものであるとみなされている変数である。本章では、人種や年齢による需要の異質性をハーフィンダール・ハーシュマン・インデックス（$NHHI$）を用いて表現する。すなわち、i 州、t 期における年齢による需要の異質性（AGE_{it}）は、

$$AGE_{it} = \frac{\sqrt{\frac{1}{H_1 - 1} \sum_{h_1=1}^{H_1} (AGE_{h_1 it} - \bar{x}_{it})^2}}{\bar{x}_{it}}, \quad \bar{x}_{it} = \frac{1}{H_1} \sum_{h_1=1}^{H_1} AGE_{h_1 it}$$

(1-3)

で表される。ここで、分子は標準偏差、分母は平均値である。h_1 は以下のような人口統計学上のグループを意味する．すなわち、5 歳未満、5 歳〜17 歳、18 歳〜24 歳、25 歳〜44 歳、45 歳〜64 歳、65 歳以上のグループである。年齢グループによる人々の多様性が、ある州で拡大した場合、観測可能な需要の異質性は拡大し、その地域の人々は非常に多くの準公共財・サービスを要求することとなる。そして、このことは、非営利組織が供給する準公共財・サービスに対する需要が増大することを意味する。

一方、式(1-3)と同じように、i 州、t 期における人種による需要の異質性（$RACE_{it}$）は、以下のように定義することができる。

第3節　政府の失敗理論の推定モデル

$$RACE_{it} = \frac{\sqrt{\frac{1}{H_2 - 1} \sum_{h_2=1}^{H_2} (RACE_{h_2it} - \bar{y}_{it})^2}}{\bar{y}_{it}}, \quad \bar{y}_{it} = \frac{1}{H_2} \sum_{h_2=1}^{H_2} RACE_{h_2it}$$
(1-4)

ここで、h_2 は以下のような人口統計学上のグループを意味する。すなわち、白人、黒人、アメリカンインディアン、アジア先住民、アジア・太平洋の人種グループである。人種のるつぼが大きくなれば、それだけ需要の異質性も高まる。その結果、人々は多様な準公共財・サービスを要求するようになり、よって非営利組織が供給する準公共財・サービスに対する需要は増大することとなる。したがって、仮説1により、AGE_{it} と $RACE_{it}$ の係数の符号は両方とも正であることが予想される。

$UNEMP_{it}$ は i 州、t 期における失業率である。Marcuello（1998）に従うと、失業は非営利組織が対処する社会問題であることから、失業率を、需要の異質性を表す代理変数として扱うことができる。非営利組織は失業者に対して職業訓練や就職セミナー、カウンセリング等のサービスを提供するため、これらのサービスに対する需要は、失業者の増加により促進される可能性がある。つまり、$UNEMP_{it}$ の係数の符号は正になると予想される。Marcuello（1998）では、失業率は特に文化セクターに対して正の影響を及ぼしているという分析結果を得ている。ところが、社会福祉事業セクターにおいては、失業率と非営利セクター規模は負の関係にあり、政府の失敗理論が示唆する結果と逆の結果を得ている。他方、Abzug and Turnheim（1998）は、失業率が説明力を持たないという分析結果を得ている。

$SLGEXP_{it}$ は、各州の総生産当たりの州・地方政府の直接支出であり、これは州および地方政府の規模を表す。仮説2の通り、政府の失敗理論は、$SLGEXP_{it}$ の係数の符号が負となることを示唆している。なぜなら、州および地方政府による直接支出が大きくなるほど、政府は中位投票者以外の者の準公共財・サービスに対する需要も満足させることができるため、中位投票者以外の者は、非営利セクターによる準公共財・サービスの供給を必要としなくなるからである。

$PUBSUB_{it}$ は、各州における 10,000 人の住民当たりの公的補助金である。仮説 3 の通り、$PUBSUB_{it}$ の係数の符号は正となると考えられる。NCCS コアファイルでは、個人寄付を含む他の公的補助金に関するデータから、公的（政府）補助金に関するデータを分離することができないようになっている。そのため、$PUBSUB_{it}$ の値は過大であり、測定誤差を有している。しかしながら、政府は非営利セクターにとって、他とは比べ物にならない圧倒的規模の財政援助機関である（Salamon 1987）。したがってこの測定誤差は無視できるくらい小さなものであるとみなすことができる。

$URBAN_{it}$ は、州の総人口に占める、t 期、i 州の大都市圏人口の割合であり、都市化を示す指標である。都市化と非営利セクターの規模と負の関係にあると予想することができる（仮説 4）。なぜなら、都市化は社会的結束の崩壊をもたらす可能性があるからである（Lincoln 1977）。都市化に関する Lincoln (1977) の主張に従って、Gronbjerg and Paarlberg (2001) は、都市化と非営利セクター規模との関係を検証した。そして、都市化は非営利セクターの規模に対して負の影響を及ぼしているという分析結果を見出している。

$CRIME_{it}$ とは、州の犯罪率である。犯罪の増加は、ボランティア活動のような社会的活動をやりにくくする。活発な社会的活動が阻害されると人々の社会的結束は弱体化してしまう。ボランティア労働と非営利セクター設立のエンジン（社会的結束）を失った非営利セクターはその活力を失い、委縮してしまうと考えられる。したがって、犯罪率は非営利セクターの規模に対して負の影響を及ぼすと予想される（仮説 5）。一方で、犯罪率と非営利セクターの規模の間に正の関係があると考える研究者もいる。Abzug and Turnheim (1998) によると、そもそも犯罪率の上昇は社会的問題の拡大を反映しており、それゆえ、非営利組織が供給する社会問題を解決へと導く準公共財・サービス・サービスに対する社会的なニーズは増すという。したがって、犯罪率が上昇すると非営利セクターの規模も拡大するとも考えられる。しかしながら、Abzug and Turnheim (1998) は、犯罪率と非営利セクターの規模の間に有意な統計的関係性を見出すことができなかった。

$PINCOME_{it}$ は、各州における 10,000 人の住民当たりの個人所得である。

Ben-Ner and Van Hoomissen（1992）は、個人所得と非営利医療サービス・セクター規模との間には負の関係があるという分析結果を見出している。このような関係が生じる理由として Ben-Ner and Van Hoomissen（1992）は、裕福なコミュニティは、非営利医療セクターよりむしろ営利医療セクターで財・サービスを調達する傾向が強いからだと述べている。一方、Marcuello（1998）は、個人所得が教育セクター非営利セクター（教育セクターを除く）の規模に対して負の影響を及ぼすことを明らかにした。他方、James（1987）は1人当たり所得を、民間教育の購買力とみなし、1人当たり所得の増加は、私立学校（非営利教育セクター）が全学校に占める割合を増加させることを統計的に明らかにした。

以上を鑑み、次節ではアメリカの州レベルのパネル・データを用いた政府の失敗理論の頑健性に関する実証分析を行うことにする。

第4節　推定結果とその解釈

表1-2には、本章の実証モデルで使用する変数の基礎統計値が示されており、表1-3では、5つのモデル選定のための検定結果が示されている。

表1-3の仮説検定HT[1]とHT[2]は、それぞれプーリング・モデル（Pool）と一元配置変量効果モデル（OWR）およびプーリング・モデルと二元配置変量効果モデル（TWR）に対するラグランジュ乗数検定（LM検定）である。これらの検定の結果、第1章付録2で示されているように帰無仮説 H_{01} と H_{02} は棄却された。それゆえ、プーリング・モデルは本章のデータには不適切であり、一元配置もしくは二元配置変量効果モデルが適切なモデルであるという結論が得られる。なお、プーリング・モデルを推定するということは、あたかもパネル・データを400（50×8）のクロスセクション・データとみなして回帰分析を行うようなものである。他方、仮説検定HT[3]とHT[4]は、固定効果と変量効果に関するハウスマン検定である。これらの検定の結果、本章付録2の帰無仮説 H_{03} と H_{04} は棄却され、一元配置固定効果モデル（OWF）もしくは二元配置固定効果モデル（TWF）が適切なモデルであること

表 1-2　基礎統計値

変数名	平均	標準偏差	最小値	最大値	サンプルサイズ
SNS_{it}	6.7197	3.4353	1.1145	18.7456	400
$SLGEXP_{it}$	0.1605	0.0241	0.1195	0.2706	400
$PUBSUB_{it}$	3286914.7	2342403.9	326871.1	14569586.3	400
AGE_{it}	52.9328	4.1572	43.6475	71.6495	400
$RACE_{it}$	164.4134	21.6455	117.3778	196.4864	400
$UNEMP_{it}$	0.0529	0.0153	0.0255	0.1139	400
$PINCOME_{it}$	23658.965	3634.263	16057.000	37452.000	400
$CRIME_{it}$	47.6313	12.1643	22.8168	83.4786	400
$URBAN_{it}$	1.0476	2.1165	0.1957	16.6514	400

本書ではコロンビア特別区の非営利組織の数を外れ値として扱い、推定するサンプルから除外している。その結果、本書のサンプル・サイズは400となっている。

表 1-3　モデルの選択テスト結果

HT[1]: OWR vs. Pool

$$LM\text{-}statistic^{(1)} = 642.14^{***}$$
モデルの選択結果 ⇒ OWR

HT[2]: TWR vs. Pool

$$LM\text{-}statistic^{(2)} = 657.00^{***}$$
モデルの選択結果 ⇒ TWR

HT[3]: OWR vs. OWF

$$Hausman\text{-}statistaic^{(3)} = 32.06^{***}$$
モデルの選択結果 ⇒ OWF

HT[4]: TWR vs. TWF

$$Hausman\text{-}statistic^{(3)} = 123.72^{***}$$
モデルの選択結果 ⇒ TWF

HT[5]: TWF vs OWF

$$F\text{-}statistic^{(4)} = 162.68^{***}$$
Choice of the model ⇒ TWF

OWF: 一元配置固定効果モデル　　TWF: 二元配置固定効果モデル
OWR: 一元配置変量効果モデル　　TWR: 二元配置変量効果モデル
Pool: プーリングモデル
　*** 1% significance level
　(1) LM統計量は、自由度が1のカイ二乗分布に従う
　(2) LM統計量は、自由度が2のカイ二乗分布に従う
　(3) ハウスマン統計量は、自由度が9の漸近的カイ二乗分布に従う
　(4) 分子の自由度は7、分母の自由度は335である
LIMDEP 7.0 による推定。

表1-4 二元配置固定効果モデルの推定結果

従属変数 SNS_{it}		
独立変数	式(1-2) カッコの中は標準誤差	式(1-2) の 2SLS カッコの中は標準誤差
CONSTANT	7.0336* (3.9186)	−1.8578 (6.4856)
AGE_{it}	0.4418*** (0.1417)	0.7439*** (0.1890)
$RACE_{it}$	−0.3273 (0.6713)	1.7651 (1.3573)
$UNEMP_{it}$	0.0778*** (0.0296)	0.3089*** (0.1147)
$SLGEXP_{it}$	−0.2192*** (0.0830)	−1.1800** (0.4832)
$PUBSUB_{it}$	0.1384*** (0.0198)	0.1176** (0.0569)
$URBAN_{it}$	−0.2235 (0.2915)	0.0693 (0.3120)
$CRIME_{it}$	−0.0929* (0.0509)	−0.2441*** (0.0763)
$PINCOME_{it}$	−0.7261*** (0.1762)	−1.0303*** (0.3047)
R^2	0.9944	0.9937

* は 10% 有意水準、** は 5% 有意水準、*** は 1% 有意水準をそれぞれ示す。
LIMDEP 7.0 による推定。

が示唆された。仮説検定 HT[5] は OWF と TWF モデルに関する F 検定である。本章付録2に示されているように、帰無仮説 H_{05} は棄却されるので、二元配置固定効果モデルが本章のデータにとって適切なモデルであるという結果になる。

この一連の仮説検定が示すことは、本章のデータにとって最も適切なモデルは二元配置固定効果モデルであるということである。二元配置固定効果モデルの推定結果（プーリング、OWR、OWF、TWR モデルは掲載していない）は表1-4 の左列に示されている。

二元配置固定効果モデルを支持する仮説検定結果が意味することは、州ごとに観測不可能な需要の異質性の効果 μ_i が存在しているということである。ここで、μ_i は式(1-2)の50の定数項（50州）として表現されている。また、観測できない時間効果は、w_t で捉えられる。ここで w_t は8つの定数項（8年）で表現される。それゆえ、データが示していることは、州ごとの観測不可能な需要の異質性だけでなく、経済・政治体制の変遷などに関する観測不可能な時間効果も非営利セクターの規模に影響していることになる。特に、μ_i は政府の失敗理論の重要な特徴を表現している。それはすなわち、観測不可能な需要の異質性と説明変数の間の相関関係を許容するということである。特に $SLGEXP_{it}$ と $PUBSUB_{it}$ の双方は X_{it} の要素となっているから、$Cov(SLGEXP_{it}, \mu_i) \neq 0$ および／または $Cov(PUBSUP_{it}, \mu_i) \neq 0$ を許容することとなる。そして、このことが示すことは、観測不可能な需要の異質性と準公共財・サービスに対する州・地方政府の直接支出が相互に関連する可能性や観測不可能な需要の異質性と非営利セクターに対する公的補助金が相互に関連する可能性を除外できないということである。こうした相関関係は、中位投票者をはじめとする消費者の準公共財・サービスに対する選好が政府支出政策に対して影響を及ぼしている様を表現したものと解釈することができる。

一方、AGE_{it} と $UNEMP_{it}$ の双方の係数は統計的に有意で正という分析結果となっている。したがって、仮説1を裏付ける結果となっている。本章の分析が示していることは、他の条件が一定ならば、年齢の多様性により測った観測可能な需要の異質性が1％上昇すると、非営利セクターの規模はおよそ0.44％上昇するということである。同様に、失業率が1％上昇すると、非営利セクターの規模はおよそ0.08％上昇することとなり、このことは失業が非営利活動を促進することを意味する。他方で、$RACE_{it}$ の係数は、統計的に有意とはなっていない。本章の推定結果や Ben-Ner and Van Hoomissen (1992) および Abzug and Turnheim (1998) は、人種の多様性により測った観測可能な需要の異質性は説明力を持たないことを示していることになる。

一方、$SLGEXP_{it}$ の係数は正となり、したがって仮説2を裏付ける結果となっている。推定結果より、非営利セクターに対する公的助成金が1％上昇

すると、非営利セクターの規模はおよそ0.14％上昇することがわかる。

他方、$URBAN_{it}$の係数は統計的に有意とはならず、仮説4は棄却されている。また、$CRIME_{it}$の係数は統計的に有意であり、その符号は負となっている。したがって、仮説5は棄却できないことになる。表1-4より犯罪率が1％上昇すると、非営利セクターの規模はおよそ0.09％下落することがわかる。そして、$PINCOME_{it}$の係数は統計的に有意であり、その符号は負である。表1-4より、個人所得が1％上昇すると、非営利セクターの規模はおよそ0.7％下落することが示されている。これは、準公共財・サービスに対する需要が非営利セクターによる供給を上回っていることを示しているのかもしれない（仮説6を参照のこと）。もし、そうであるなら今もなお非営利セクターが米国において拡大していることに対する説明がつく。

$SLGEXP_{it}$の係数の負の符号が示していることは、非営利組織が供給する準公共財・サービスが、政府が供給する準公共財・サービスに取って代わっているということに他ならない。二元配置固定効果の存在に加え仮説1が採択されたこといにより、需要の異質性が非営利セクターの規模に影響を与えていることが統計的に実証されたと同時に、仮説2が採択されたことは、Corbin（1999）の真の政府の失敗理論の検定をクリアしたことになる。このことはつまり、政府の失敗理論は頑健性を担保していることが統計的に支持されることになる。

また、表1-4から、$PUBSUB_{it}$の係数の符号は、正の値を示している。このことは、中位投票者以外の者に対する準公共財・サービスの供給の不足を、非営利セクターが補うためにかかる費用の一部を政府が非営利セクターへの補助金という形で補い、非営利セクターの成長を促進していると解釈することができる。異質な準公共財・サービスを、中位投票者ではない消費者へ供給することに関しては、政府より非営利セクターのほうが長けているということを鑑みると、政府は準公共財・サービスに対する直接支出を削減する一方で、非営利組織に補助金を与え、その供給を託すようになると考えられる。

このような非営利セクターを取り込んだ準公共財・サービスの供給システムのシナリオに従うと、政府の失敗理論を検証する際、補完的財政支援仮説

も加味する必要がある。統計的観点から、補完的財政支援仮説を検証することは、$SLGEXP_{it}$、$PUBSUB_{it}$の内生性を検証することを意味する。なぜなら、政府の直接支出額（$SLGEXP_{it}$）が非営利セクターの規模（SNS_{it}）を左右し、非営利セクターの規模が公的補助金額（$PUBSUB_{it}$）に影響を与えるからである。これは、$SLGEXP_{it}$、$PUBSUB_{it}$および誤差項e_{it}の間に相関関係があるかどうかを吟味することに他ならない。そこで、$SLGEXP_{it}$、$PUBSUB_{it}$を内生変数であると考え、式(1-2)を再検証するために、二段階最小二乗法（2SLS）を適用する。このモデルを識別するためには少なくとも2つの操作変数が必要となる。こうした操作変数は外生的な変数であり、かつ誤差項と相関関係にないものでなければならない。そこで、$SLGEXP_{it}$の操作変数として、高校の就学率、$HEDUATT_{it}$を採用する。これは、高等教育が経済成長の重要な原動力として広く受け入れられており、したがって州および地方政府が政府による準公共財・サービス、例えば公立高校の供給に対する支出は、高校の就学率により増減すると考えられるからである。一方、$PUBSUB_{it}$の操作変数としては、10,000人当たりの州・地方政府税金収入TAX_{it}を採用する。これは、公的補助金は主に州・地方政府の税金収入から拠出されているからである。したがって、TAX_{it}と$PUBSUB_{it}$の間には正の関係があると考えられる。

　2SLS推定に移る前に、まずはこれらの操作変数の妥当性に関して検定を行わなければならない。いま、以下のような2つの条件を仮定する。すなわち、仮説［1］$Cov(z_{it}, e_{it})=0$、ここでz_{it}は操作変数である。次に、仮説［2］操作変数が1段階目の回帰モデルの説明変数ではないとする仮説である。これは、操作変数が内生変数との相関関係が弱い場合、漸近的検定結果は信用できないからである（Staiger and Stock 1997）。本章の2つの操作変数が仮説［1］を満たしているのかについて検定することはできないが、仮説［2］を満たしているかどうかを検定することはできる。まず、二元配置固定効果モデルを採用し、式(1-2)のすべての外生変数と2つの操作変数（$HEDUATT_{it}$、TAX_{it}）を説明変数とし、$SLGEXP_{it}$を被説明変数とした推定を行った。そして「双方の操作変数の係数はどちらも0である」という仮説を検定した。こ

第4節　推定結果とその解釈

の仮説が採択されるには、1段階目のF統計値が、棄却限界値10を上回っていなければならない。このとき、F統計値は27.33であり、棄却限定値である10を上回っていた。同様に、二元配置固定効果モデルの枠組みで、式(1-2)の外生変数と2つの操作変数を説明変数とし、$PUBSUB_{it}$を被説明変数した推定を行った。その結果、「2つの操作変数の係数はどちらも0である」という仮説を検定するためのF統計量は12.52であった。これもまた棄却限界値10を上回っている。これらの検定結果から、$HEDUATT_{it}$とTAX_{it}はそれぞれ、$SLGEXP_{it}$と$PUBSUB_{it}$の操作変数として、適切であると結論付けることができる。

次に$SLGEXP_{it}$と$PUBSUB_{it}$がe_{it}と相関していないかどうかを検定する。そのために、まず二元配置固定効果モデルの枠組みで、2つの操作変数と式(1-2)のすべての外生変数を説明変数とし、$SLGEXP_{it}$を被説明変数とした推定を行い、このときの回帰残差を$\bar{v}_{1it}$とする。同様に、2つの操作変数と式(1-2)のすべての外生変数を説明変数とし、$PUBSUB_{it}$を被説明変数とした推定を行った。その時の回帰残差を$\bar{v}_{2it}$とする。そして、$\bar{v}_{1it}=\bar{v}_{2it}=0$という帰無仮説を検証した。このときF=3.69（P値=0.026）であった。したがって、$SLGEXP_{it}$および$PUBSUB_{it}$が外生変数であるという仮説は棄却される。$HEDUATT_{it}$およびTAX_{it}の操作変数としての妥当であり、かつ$SLGEXP_{it}$と$PUBSUB_{it}$の内生性が実証されたので、2SLSは適切な推定方法であると見なすことができる。

以上の結果をうけて行った二元配置固定効果モデルを2SLSにより推定した結果は、表1-4の右列に示してある。AGE_{it}、$SLGEXP_{it}$、$PUBSUB_{it}$の係数は再び統計的に有意となり、その符号は仮説1から3を支持する結果となっている。2SLSで推定した場合の$SLGEXP_{it}$の係数の値は、最小2乗法（OLS）で推定した場合より大きくなっている。これは、$SLGEXP_{it}$と$PUBSUB_{it}$の双方を内生変数として扱った場合、非営利セクターの規模は政府による準公共財・サービスの直接的な支出に対してより敏感に反応することを示している。需要の異質性を測る$RACE_{it}$の係数は、2SLS推定量を採用しなった場合の結果（左列）と異なり、その符号は政府の失敗理論が示唆す

る通り、正となっている。しかしながら、そのP値は小さく（P値は0.25である）、$RACE_{it}$ の係数は統計的に有意であるとはいえない。ただし、サンプル・サイズが大きくなれば、$RACE_{it}$ の係数が有意となる可能性はある。

以上の実証結果を鑑み、政府の失敗理論は非営利セクターの規模に地域差が生じる理由を説く頑健な理論であると結論付けることができる。本章におけるOLSと2SLS双方の推定結果が示すことは、(1) 観測不可能な需要の異質性は非営利セクターの規模に影響を与える重要な要素であること、(2) 補完的財政支援仮説が統計的に実証されたこと、そして（3）政府の失敗理論は頑健である可能性が高いことである。これらの帰結が本章の実証研究の付加価値であるといえる。

第5節　まとめ

アメリカ50州のパネル・データ・セットを用いて、本章では政府の失敗理論に関するCorbin（1999）の真の検証を行った。非営利セクターの規模の推定に着目した多くの先行研究は、クロスセクション・データに基づいていた。しかし、本章の分析結果より、クロスセクション・データに関する標準的な推定プロセスでは、観測不可能な需要の異質性をコントロールすることができないため、先行研究の解釈には注意が必要であることが示されている。本章の分析はまた、観測不可能な需要の異質性は説明力を持つことも明らかにした。すなわち、政府の失敗理論が示すとおり、年齢や失業による観測可能な需要の異質性の係数の符号は正であることが示されている。さらに、州・地方政府による直接支出が州の総生産に占める割合の係数の符号は負であるという結果を得た。加えて本章では、政府セクターは多様な準公共財・サービスの供給を非営利セクターに委託する代わりに、公的補助金を付与することにより、非営利セクターを財政的に支援するとする仮説（補完的財政支援仮説）を実証的に支持できるということを明らかにした。実証的な観点からすると、この仮説は州・地方政府による準公共財・サービスに対する直接支出や非営利セクターに対する公的助成金を内生変数として扱うこと

に等しい。したがって、2SLS推定法を用いて、非営利セクターの規模モデルについて再度推定を行った。その結果、政府の失敗理論が頑健な理論であるという見解を支持する分析結果を得ることができた。

　本章ではまた、人種による需要の異質性の説明力は不安定であり、したがってさらなる検証が必要であることが示された。このような一貫しない推定結果がもたらされた理由としては次の2つが考えらる。第1に、人種による需要の異質性は、でこぼこした（Lumpy）分布を持っている可能性があるということである。第2に、人種による需要の異質性の測定方法は、人々の選好の多様性を捉えるのには適切でない可能性があるということである。

　本章の分析結果の解釈について注意が必要なことは、従属変数に測定誤差が含まれる可能性を判除できないことである。なぜなら、総収益が25,000ドル未満の宗教組織やその他の非営利組織がForm990を提出することを要求されず、それゆえコアファイル（全米慈善統計局1998）から除外されているからである。

　このような注意点はあるものの、本章の付加価値は、先行研究で議論された政府の失敗理論の頑健に関する懐疑的な見方に対し、1つの結論を示したことにある。それはつまり政府の失敗理論は、未だ非営利セクターの規模の地域差を説明する上でパワフルな理論であるということである。そのことに加え、補完的財政支援仮説の妥当性を支持するという実証結果を得ることができた。つまり、政府は、中位投票者が欲する準公共財・サービスは自らが供給し、中位投票者以外の消費者が欲する準公共財・サービスの供給については、非営利セクターに委託し、その代わりに公的補助金により非営利セクターの活動を支えるといった準公共財・サービス供給システムを実践していることになる。この準公共財・サービス供給システムは、効率的な州・地方政府経営を実現し、いわゆる「小さな政府」を達成する1つの手段であると考えることができる。

付録 1：パネル・データの出所

非営利組織の数	The Core Files, The Urban Institute, CD-ROM.
年齢グループごとの人口	Population Estimates for the U.S., Regions, and States by Selected Age Groups and Sex, U.S. Census Bureau, (http://eire.census.gov/popest/archives/1990.php#state) 1/ 15/ 2002.
人種ごとの人口	1990 to 1999 Annual Time Series of State Population Estimates Race and Hispanic Origin, U.S. Census Bureau (http: //eire.census.gov/popest/archives/1990.php#state) 1/ 15/ 2002.
州・地方政府の直接政府支出	State and Local Government Finances by Level of Government, U.S. Census Bureau, (http://www.census.gov/govs/www/state.html) 1/ 5/ 2002.
州総生産	Gross State Product data is available from (http://www.bea.doc.gov/bea/regional/gsp/) 2/ 1/ 2002.
州・地方政府補助金	The Core Files, The Urban Institute, CD-ROM.
失業率	Local Area Unemployment Statistics, Bureau of Labor Statistics, (http://www.bls.gov/lau/) 1/ 24/ 2002.
個人所得	U.S. Bureau of Economic Analysis, Survey of Current Business, Survey of Current Business, May 2000, and unpublished data. (http://www.bea.doc.gov/bea/regional/data.htm) 1/ 31/ 2002.
犯罪率	Bureau of Justice Statistics — Data Online, (http://www.ojp.usdoj.gov/bjs) 2/ 28/ 2002.
都市化指標	Metropolitan Area Population Estimates for July 1, 1999 and Population Change for April 1, 1990 to July 1, 1999 (includes April 1, 1990 Population Estimates Base) Population Estimates Program, Population Division, U.S. Census Bureau, (http://eire.census.gov/popest/archives/1990.php#metro) 1/ 31/ 2002.
州・地方政府税収額	State and Local Government Finances by Level of Government, U.S. Census Bureau, (http://www.census.gov/govs/www/state.html) 1/ 5/ 2002.
高校就学率	Table 13. Educational Attainment of the Population 25 years and Over, By State, (http://www.census.gov/population/www/socdemo/educ-attn.html) 1/ 24/ 2002.
人口	State Population Estimates: Annual Time Series, July 1, 1990 to July 1, 1999, (http://www.census.gov/population/estimates/state/st-99-3.txt) 1/ 31/ 2002.

付録2：モデル選択テスト

HT[1]　$H_{01}: \sigma_u^2,\ H_{a1}: \sigma_u^2 \neq 0$

$$LM\text{-}statistic = \frac{NT}{2(T-1)}\left[\frac{\sum_{i=1}^{N}\left[\sum_{t=1}^{T}e_{it}\right]^2}{\sum_{i=1}^{N}\sum_{t=1}^{T}e_{it}^2} - 1\right]^2$$

HT[2]　$H_{02}: \sigma_u^2 = 0\ \text{and}\ \sigma_w^2 = 0,\ H_{a2}: \sigma_u^2 \neq 0\ \text{and}\ \sigma_w^2 \neq 0$

$LM\text{-}statistic =$

$$\frac{NT}{2}\left[\frac{1}{T-1}\left[\frac{\sum_{i=1}^{N}\left[\sum_{t=1}^{T}e_{it}\right]^2}{\sum_{i=1}^{N}\sum_{t=1}^{T}e_{it}^2} - 1\right]^2 + \frac{1}{N-1}\left[\frac{\sum_{t=1}^{T}\left[\sum_{i=1}^{N}e_{it}\right]^2}{\sum_{i=1}^{N}\sum_{t=1}^{T}e_{it}^2} - 1\right]^2\right]$$

HT[3]　$H_{03}: \hat{\beta}_{OWF}$ と $\hat{\beta}_{OWR}$ は一致性を持つが、$\hat{\beta}_{OWF}$ は有効性を持たない
　　　　$H_{a3}: \hat{\beta}_{OWF}$ は一致性を持つが $\hat{\beta}_{OWR}$ は一致性を持たない

$$Hausman\text{-}statistic = (\hat{\beta}_{OWF} - \hat{\beta}_{OWR})'(Var[\hat{\beta}_{OWF}] - Var[\hat{\beta}_{OWR}])(\hat{\beta}_{OWF} - \hat{\beta}_{OWR})$$

HT[4]　$H_{04}: \hat{\beta}_{TWF}$ と $\hat{\beta}_{TWR}$ は一致性は持つが $\hat{\beta}_{TWF}$ は有効性を持たない
　　　　$H_{a4}: \hat{\beta}_{TWF}$ は一致性は持つが $\hat{\beta}_{TWR}$ は一致性を持たない

$$Hausman\text{-}statistic = (\hat{\beta}_{TWF} - \hat{\beta}_{TWR})'(Var[\hat{\beta}_{TWF}] - Var[\hat{\beta}_{TWR}])(\hat{\beta}_{TWF} - \hat{\beta}_{TWR})$$

HT[5]　$H_{05}: w_t = 0\ \text{for all}\ t$
　　　　$H_{a5}: w_t \neq 0\ \text{for at least one}\ t$

$$F\text{-}statistic = \frac{(RSSR - USSR)/(T-1)}{USSR/(NT - (N-1) - (T-1) - k - 1)},$$

$N = 50,\ T = 8,\ k = 8$;

　　　$RSSR$：制限された残差平方和；$USSR$：制限されていない残差平方和

参考文献

Abzug, R. and Turnheim, J. K. (1998) Bandwagon or band-Aid?: A model of nonprofit incorporation by state, *Nonprofit and Voluntary Sector Quarterly*, 27(3), 300-322.

Anheier, H. K. and Ben-Ner, A. (1997) Shifting boundaries: long-term changes in the size of the for-profit, nonprofit, cooperative and government sectors, *Annals of Public and Cooperative Economics*, 68(3), 335-353.

Baltagi, B. H. (2001) *Econometric analysis of panel data*, (2nd ed.), John Wiley and Sons, LTD, New York.

Ben-Ner, A. (1986) Nonprofit organization: why do they exist in market economies?. In S. Rose-Ackerman (ed.), *The Economics of Nonprofit Institutions: Studies in Structure and Policy*, Oxford University Press, Nueva York.

Ben-Ner, A. and Van Hoomissen, T. (1991) Nonprofit organizations in the mixed economy: a demand and supply analysis, *Annals of Public and Cooperative Economics*, 62 (4), 469-500.

Ben-Ner, A. and Van Hoomissen, T. (1992) An empirical investigation of the joint determination of the size of the for-profit: nonprofit and government sectors, *Annals of Public and Cooperative Economics*, 63(3), 391-415.

Cohen, G. (1982) Community cohesion and space planning, In R. Frankenberg (ed.), *Custom and Conflict in British Society*, Manchester University Press, Manchester.

Corbin, J. J. (1999) A study of factors in influencing the growth of nonprofits in social services, *Nonprofit and Voluntary Sector Quarterly*, 28(3), 296-314.

Dimaggio, P. J. (1987) Nonprofit organizations in the production and distribution of culture, In W. W. Powell (ed.), *The Non-profit Sector: A Research Handbook*, Yale University Press, New Haven.

Dimaggio, P. J. and Powell, W. W. (1983) The sociology of nonprofit organizations and sectors, *Annual Review of Sociology*, 16, 137-159.

Easley, D. and O'Hera, M. (1983) The economic role of the nonprofit firm, *Bell Journal of Economics*, 14, 531-538.

Frank, R. and Salkever, D. (1994) Nonprofit organizations in the health sector, *Journal of economic Perspectives*, 8 (4), 129-144.

Greene, W. H. (2000). *Econometric Analysis*, (4th ed.), Prentice Hall, New Jersey.

Gronbjerg, K. A. and Paarlberg, L. (2001) Community variations in the size and scope of the nonprofit sector: theory and preliminary findings, *Nonprofit and Voluntary Sector Quarterly*, 30(4), 684-706.

Hall, P. D. (1987) A historical overview of the private nonprofit sector, In W.W. Powell (ed.), *The Non-profit Sector: A Research Handbook*, Yale University Press, New Haven.

Handy, F. (1997) Coexistence of nonprofit, for-profit, and public sector institutions, *Annals of*

Public and Cooperative Economics, 68(2), 201-223.

Hansmann, H. B. (1980) The role of nonprofit enterprise, *The Yale Law Journal*, 89(5), 835-898.

Hansmann, H. B. (1987) Economic theories of nonprofit organization, In W. W. Powell (ed.), *The Non-profit Sector: A Research Handbook*, Yale University Press, New Haven.

James, E. (1987) The nonprofit sector in comparative prospective, In W. W. Powell (ed.), *The Non-profit Sector: A Research Handbook*, Yale University Press, New Haven.

Kapur, K. and Weisbrod, B. A. (2000) The roles of government and nonprofit suppliers in mixed industries, *Public Finance Review*, 28(4), 275-308.

Lincoln, J. R. (1977) The urban distribution of voluntary organizations, *Social Science Quarterly*, 58, 472-480.

Mccarthy, K. D. (1982) *Noblesse Oblige: Charity and Cultural Philanthropy in Chicago*, 1849-1929, The University of Chicago Press, Chicago.

Marcuello, C. (1998) Determinants of the non-profit sector size: An empirical analysis in Spain, *Annals of Public and Cooperative Economics*, 69(2), 175-192.

Moulton, B. R. (1986) Random group effects and the precision of regression estimates, *Journal of Econometrics*, 32, 385-397.

Moulton, B. R. (1987) Diagnostics for group effects in regression analysis, *Journal of Business and Economic Statistics*, 5, 275-282.

Powell, W. W. and Dimaggio, P. J. (1991) *The new institutionalism in organizational analysis*, The University of Chicago Press, Chicago.

Rose-Ackerman, S. (1996) Altruism, nonprofits, and economics, *The Journal of Economic Literature*, 34, 701-728.

Salamon, L. M. (1987) Partners in public service: the scope and theory of government-nonprofit relations, In W. W. Powell (ed.), *The Non-profit Sector: A Research Handbook*, Yale University Press, New Haven.

Salamon, L. and Anheier, K. H. (1998) Social origins of civil society: Explaining the nonprofit sector cross-nationally, *Voluntas*, 9(3), 213-248.

Salamon, L. M., Anheier, H. K., LIST, R., Toepler, S., Sokolowski, W. S. and Associates (1999) *Global Civil Society-Dimensions of the Nonprofit Sector*, The Johns Hopkins Center for Civil Society Studies, Baltimore.

Salamon, L. M., Sokolowski, S. W. and Anheier, H. K. (2000) Social origins of civil society: An overview, *Working Papers of the Johns Hopkins Comparative Nonprofit Sector Project*, 38.

Smith, S. R. and Lipsky, M. (1993) *Nonprofit for Hire*, Harvard University Press, Cambridge.

Staiger, D. and Stock, J. H. (1997) Instrumental variables regression with weak instruments, *Econometrica*, 65(3), 557-586.

Stingh, J. V., Tucker, D. J. and Meinhard, A. G. (1991) Institutional change and ecological dynamics, In W. W. Powell and P. J. DiMaggio (eds.), *The New Institutionalism in Organizational Analysis*, The University of Chicago Press, Chicago.

Stevenson, D. R., Pollak, T. H. and Lampkin, L. M. (1997) *State Nonprofit Almanac 1997: Profiles of Charitable Organization*, The Urban Institute Press, Washington, D.C.

The National Center for Charitable Statistics (1998) *Guide to Using NCCS Databases*, The Urban Institute - Center on Nonprofits and Philanthropy, Washington, D.C.

Young, E. (2001a) Contract failure theory, In J. S. Ott (ed.), *The Nature of the Nonprofit Sector*, Westview Press, Boulder.

Young, E. (2001b) Government failure theory, In J. S. Ott (ed.), *The Nature of the Nonprofit Sector*, Westview Press, Boulder.

Weisbrod, B. A. (1975) Toward a theory of the voluntary nonprofit sector in a three-sector economy, In Edmund Phelps (ed.), *Altruism, Morality and Economic Theory*, Russell Sage Foundation, New York.

Weisbrod, B. A. (1986) Toward a theory of the voluntary nonprofit sector in a Three-sector Economy, In S. Rose-Ackerman (ed.), *The Economics of Nonprofit Institutions: Studies in Structure and Policy*, Oxford University Press, New York.

Weisbrod, B. A. (1988) *The Nonprofit Economy*. Harvard University Press, Cambridge.

Wooldridge, J. M. (2002) *Econometric Analysis of Cross Section and Panel Data*, The MIT Press, Cambridge and London.

Zucker, L. G. (1987) Institutional Theories of Organization, *Annual Review of Sociology*, 13, 443-464.

山内直人・柗永佳甫 (2005) 非営利サテライト勘定の意義と日本への適用可能性, 内閣府経済社会総合研究所 季刊国民経済計算 No. 131, 2005年6月.

内閣府 NPO ホームページ (http://www.npo-homepage.go.jp/data/pref.html) 2010年5月7日アクセス.

第 2 章

政府の失敗理論の定量分析 II
―― 国際比較データを用いた分析 ――

　第1章では、政府の失敗理論を実証するために、アメリカのパネル・データを用いた。その結果、政府の失敗理論の頑健性が実証された。ここでは同様の実証分析を、国際比較データを用いて再検証してみたい。政府の失敗理論の頑健性を疑問視する研究者たちの中でも、Salamon et al.（2000）やSalamon and Anheier（1998）は、1995年ジョンズ・ホプキンス大学市民社会研究科が行ったジョンズ・ホプキンス大学非営利セクター国際比較プロジェクト（JHCNP: Johns Hopkins Comparative Nonprofit Sector Project、以下JHCNPと表記）で収集された国際データ・セットを用いて政府の失敗理論の検証を試みている。JHCNPでは、まず、(a) 組織である、(b) 自立している、(c) 営利目的でない、(d) 民間である、(e) 自発的である、という5つの条件を満たす組織を非営利組織と定義した。そして、その定義に基づいて非営利セクターの規模、構造、そして財政状況に関するデータを収集した。このプロジェクトのために、世界中の約150人の研究者たちが、各国に散在する非営利、ボランタリー団体に関する共通のデータベースの構築をその主な目的に協力している（Salamon et al. 1999）。このプロジェクトを率いるレスター・サラモン教授は、JHCNPデータ・セットを用いて、宗教の多様性[1]を需要の異質性の

　1）Salamon et al.（2000）は、Britannica World Data（1994）を用いて、以下の方法で宗派分類指標を作成している。1000万人の人口を仮定し、そのうち500万人の宗教はカトリック、400万人はプロテスタント、100万人はユダヤ教とする。宗派割合はそれぞれ50%、40%、10%、つまり0.5, 0.4, 0.1である。このときの宗派分類指標は、$\sqrt{0.5^2+0.4^2+0.1^2}=0.352$である。

代理変数とした単回帰分析を行った。その結果、需要の異質性は、非営利セクター規模の地域差を生む要因ではないことを実証し、政府の失敗理論は、頑健ではないと結論付けた。そして、非営利セクターの規模に国ごとの差が生じるのは、各国における非営利活動に対する政府の財政支援レベルに差があるからであるとしている（Salamon et al. 2000）。彼らは、政府セクターと非営利セクターとの間には、準公共財・サービスの供給という共通目的のもと、相互依存関係にあるという。

政府セクターと非営利セクターとの関係性を語る上で、政府セクターから非営利セクターへの補助金という視座に立てば、Salamon et al.（2000）の相互依存理論と第 1 章で触れた補完的財政支援仮説は同じようなシナリオを描いている。しかしながら、相互依存理論と補完的財政支援仮説は異なる前提のもとに成り立っている。Salamon et al.（2000）では、政府の失敗理論の代替的な理論として相互依存理論を提唱している。そして、相互依存理論が支持される理由として、政府支出と非営利セクターの規模との間に正の関係が存在するという単回帰分析の結果と、非営利セクターへの政府補助金額と非営利セクターの規模との間に正の関係が存在するという単回帰分析の結果をあげている。一方、補完的財政支援仮説は、政府の失敗理論に立脚したものであり、政府支出と非営利セクターの規模との間に負の関係が存在することを示唆している。これは、多様性に富む準公共財・サービスの供給に長けている非営利セクターにその供給を委託し、政府支出をカットするようになるからである。そのような非営利セクターの優位性を鑑み、政府が非営利セクターの準公共財・サービスの供給を支援すべく補助金を拠出すると非営利セクターの規模は拡大するから、非営利セクターへの政府補助金額と非営利セクターの規模との間には正の関係が認められるというのが補完的財政支援仮説である。つまり相互依存理論は政府の失敗理論を否定するものとして構築された理論であり、準公共財・サービス供給における政府と非営利セクターとの「協働」を視座に置いたものである。一方、補完的相互仮説は政府の失敗理論が成り立つことを前提に準公共財・サービスの政府から非営利セクターへの「外部委託（アウトソーシング）」を視座に置いたものである。

Salamon et al.（2000）は、32カ国のクロスセクション・データを用いて行った単回帰分析より、政府の失敗理論を否定する帰結を得ているが、第1章から明らかなように、政府の失敗理論の実証には、パネル分析が適切である。そこで、本章ではまずJHCNPデータ・セットを非営利セクターの活動分野とクロス・カントリーからなるパネル・データに構築した。そして、そのデータ・セットを用いて、一元配置固定効果モデルの推定を行った。以下ではまず、Salamon et al.（2000）について概要を述べることにする。

第1節　Salamon et al.（2000）による政府の失敗理論の実証分析

Salamon et al.（2000）では、観測可能な需要の異質性に説明力がなかったことに加え、準公共財・サービスへの政府支出と非営利セクターの規模との間に正の関係が認められたために、政府の失敗理論を懐疑的に捉えている。しかしながら、第1章から、そもそも政府の失敗理論に頑健性がないのではなく、下記のような問題がSalamon et al.（2000）に生じている可能性は否めない。

① モデルの特定化の誤り

彼らは政府の失敗理論を実証するために、2種類の単回帰分析を行っている[2]。ある変数の説明力を検定するために実証モデルに当該変数のみを入れた単回帰を行うと、多重回帰モデルが真のモデルである場合、真のモデルより必要な変数を削除してしまうことになり、変数の推定パラメータにバイアスが生じてしまう。そして、説明力があるはずの変数に説明力がなかったり、逆に説明力がないはずの変数に説明力があったりするようなことが生じる。ここで、政府の失敗理論の実証方法について、振り返っておきたい。第1章ですでに述べたとおり、政府の失敗理論を実証するためには、Corbin（1999）に従い、以下の2つの仮説を検定することが望ましい。

---

2) 回帰分析を行う前にSalamon et al.（2000）はデータをZスコアに変換している。

第2章　政府の失敗理論の定量分析 II

仮説1（再掲）：需要の異質性の拡大は、非営利セクターの規模に対して正の影響を及ぼす。

仮説2（再掲）：準公共財・サービスに対する政府支出の増加は、非営利セクターの規模に対して負の影響を及ぼす。

一方、Salamon et al.（2000）は、仮説2（再掲）が棄却されるというという分析結果および、下記の仮説3（再掲）が棄却できないという分析結果を受けて、相互依存理論が統計的に支持できると述べている。

仮説3（再掲）：公的支援の増加は、非営利セクターの規模に対して正の影響を及ぼす。

本章では、Corbin（1999）に従い、再び政府の失敗理論の検証を行う。特に、Salamon et al.（2000）で見落とされている変数を含め、パネルデータを用いた分析を行うことにより、モデル特定化の誤りが引き起こす問題を回避する試みがなされている。

② サンプル・サイズの問題

Salamon et al.（2000）が用いている JHCNP データ・セットのサンプル・サイズは22であり、かなり小さい。このように小さなサンプル・サイズだと、多重回帰モデルを推定する際に、多くの自由度を失い、いわゆる小サンプル・サイズ問題を引き起こしてしまう。そこで本章では、非営利セクターのうち、保健医療分野と教育分野のデータのみを抽出して、サンプル・サイズを2倍の44にして自由度を増やしている[3]。

加えて、固定効果モデルを推定することで大きなメリットが得られる。つまり、モデルに追加的な変動がもたらされることで、国際非営利産業分類

---

[3] ここで、保険医療分野と教育分野のみを取り上げたのは、James（1993）や James and Rose-Ackerman（1986）が主張するように、保健医療と教育分野には互いに共通点が多いからである。

表 2-1　国際非営利産業分野

文化	教育	保健医療	社会サービス	環境	開発
市民・アドボカシー	助成団体	国際	宗教	職業団体	その他

(ICNPO) の 12 分野（表 2-1 参照）すべてを統合することで生じる潜在的なバイアスを軽減することができる。

上述のように Salamon et al.（2000）が抱える問題点を少しでも軽微なものとするための工夫を行い、次項では、Corbin（1999）に従って、再度政府の失敗理論の実証分析を行うことにする。

第 2 節　非営利セクター規模の計測

第 1 章で述べたように、典型的な非営利セクター規模の定義は 3 つあることが先行研究より明らかとなっている。その中でも、Ben-Ner and Van Hoomissen（1992）や Salamon et al.（2000）、Handbook on Nonprofit Institutions in the System of National Accounts（2001）（非営利組織のための SNA ハンドブック）、Ben-Ner and Van Hoomissen（1992）では、NPO に従事する労働者数によりセクター規模を計測している。特に、Salamon et al.（2000）と Handbook on Nonprofit Institutions in the System of National Accounts（2001）では、非営利セクターにおける有給フルタイム換算雇用者数（ボランティア雇用を含む場合と含まない場合を考慮する）が非農業雇用に占める割合を、非営利セクターの規模として測定している。本章の目的は、Salamon et al.（2000）を再検証することであるから、Salamon et al.（2000）に従い、非営利セクターの規模を式 (2-1) のように定義する（本書 2 頁（2）の定義参照）。

$$\text{非営利セクターの規模} = \frac{\text{フルタイム換算雇用者数}}{\text{非農業雇用者数}} \tag{2-1}$$

非営利セクターでは、雇用者の多くがパートタイムで働いているという特色がある。このとき単純なヘッドカウントだと、雇用者数を過大評価してしま

う。そこで、パートタイム雇用者をフルタイム雇用者に換算して雇用者数をカウントするフルタイム換算雇用者数（FTE: Full-time Equivalent）が用いられる。例えば、非営利セクターで雇用されている2人が、それぞれ4時間働いているとする。フルタイムを8時間と考え、フルタイム換算すると、雇用者数は2名ではなく1名である。さらに、式(2-1)では、FTE雇用者数を非農業雇用者数で除している。このことによりスケール効果を排除し、非営利セクターの規模の国際比較を可能にしている。

第3節　推定モデルと国際比較データ

本章でもパネル分析の特色を生かし、2種の異質性を考慮する。1つは、観測可能な需要の異質性（ODH: Observable Demand Heterogeneity）であり、もう1つは観測不可能な需要の異質性（UDH: Unobservable Demand Heterogeneity）である。第1章で述べたとおり、そもそも需要の異質性を観察するのは容易ではない。ましてや厳密な測定となるとなおさら困難である。Salamon et al. (2000) は宗派の多様性指標を観測可能な需要の異質性の代理変数としている。本章でも Salamon et al. (2000) に従い、それを観測可能な需要の異質性の代理変数としている。

式(2-1)に見られる1つの特徴は、式(1-2)同様、観測不可能な需要の異質性をコントロール可能である点である。一元配置固定効果モデルの利点として、定数項を2つに分解することで教育・保健医療分野のそれぞれに特有な観測不可能な需要の異質性を明確にモデル化することができる。Moulton (1986) (1987) が主張するように、観測不可能な需要の異質性をコントロールせずに行った推定結果には、バイアスが生じる。Baltagi (2001) によると、固定効果モデルの推定により、データを統合してしまったがゆえに起こるバイアスを回避することができる。式(2-1)の定数項 α_j は、観測不可能な需要の異質性の影響を捉えるものである。保健医療分野と教育分野はお互い、歴史的背景や政治体制などで異なるため、その分野に特有の観測不可能な需要の異質性をコントロールしないと深刻な特定化の誤りを引き起こす。もし帰

第3節　推定モデルと国際比較データ

無仮説 ($H_0: \alpha_1 = \alpha_2$) が棄却されるならば、観測不可能な需要の異質性は非営利セクターの規模に影響を与えるといえる。つまり、Corbin (1999) の議論をパネル・データに適用し政府の失敗理論を検証するには、観測可能な需要の異質性か観測不可能な需要の異質性、またはその両方が説明力を持つこと（仮説1）、さらに準公共財・サービスの政府支出が非営利セクター規模に負の影響を与えるという仮説（仮説2）を検定する必要がある。

　パネル・データを用いた推定モデルは以下のように定義される。

$$SNS_{ij} = \alpha_j + \sum_{k=1}^{6} \beta_k x_{kij} + \varepsilon_{ij},\ i = 1, 2, \cdots 22,\ j = 1, 2. \tag{2-2}$$

ここで、SNS_{ij} は式(2-1)で定義された非営利セクターの規模を表し、i は22カ国を、j は保険医療と教育分野の2分野を表す。保健医療・教育分野の相対的な規模は国により異なるため、モデルに追加的な変動を導入できると同時にサンプル・サイズを44に増やしている。説明変数 x_{1ij}、x_{2ij}、x_{3ij}、x_{4ij}、x_{5ij}、x_{6ij} はそれぞれ、宗教の多様性（観測可能な需要の異質性の代理変数：ODH）、政府による準公共財・サービス支出（$GEXP$）、非営利セブセクター（保険医療分野と教育分野）の歳入に占める政府補助金の割合（GFS）、政府による準公共財・サービス支出と政府補助金の交差項（$GESPFS$）、個人所得（PCI）、その国の政治体制を表す指標（$PRCL$）を指す。ε_{ij} は、平均0分散 σ_ε^2 の正規分布に従う誤差項を表す。

　非営利組織は準公共財・サービスの供給者であるだけでなく、社会・政治の調整役としても重要な役割を担う（Seibel 1990）。非営利組織の活動は、そのときどきの政治体制（e.g. 自由主義、協調組合主義、国家統制主義、社会民主主義など）の中に、根強い歴史的ルーツを持つ。中位投票者以外の消費者の要求が、準公共財・サービスの供給する際の政府の意思決定に、どれほどの影響を与えるかは、その国の政治体制に大きく依存する。したがって国際比較データを用いるとき、需要の異質性の影響を正確に捉えるためには、モデル内で各国の政治体制をコントロールする必要がある。つまりどのような民主主義レベルのもと、政府支出の配分に関する政治的合意がなされたかということが、政府の失敗理論の理論としての頑健さを左右することになる。しか

しながら、Salamon et al.（2000）ではそのような政治体制がモデルの中でコントロールされていない。よって本章では、民主主義レベルが非営利セクターの規模に与える影響をコントロールした上で、JHCNP のデータ・セットを用いて、政府セクターと非営利セクターの関係性を再検証することにする。政治体制を表した指標としてここでは、Freedom in the world を利用した。Freedom House は、世界の国、地域、領土の民主主義レベル、政治的自由度を把握する目的で Freedom in the world を毎年発行している[4]。これは、政治的権利と市民的自由の度合をスコアで表現したものである。スコアの範囲は 1（最も自由）から 7（最も自由でない）であるが、本章ではこれら 2 つの指標の平均値（$PRCL$）を説明変数の 1 つ（x_{6ij}）として採用している。つまり、$PRCL$ の値が高いほど、民主主義レベルや政治的自由度は低いことを示す。

一方、非営利セクターの規模は式(2-1)のように定義するが、この測定値はビジネスサイクルやセクター間の労働分配などによる雇用の変化も反映していることになる。一般に、製造業や小売業は、非営利セクターの占める割合が高いサービス部門よりも、不況の影響を受けやすい。つまり、不況期にある経済や農業部門の占める割合が高い経済では非営利セクターの規模が大きく見えてしまうかもしれない。したがって、推定モデルが需要の異質性を正確に捉えるためには、不況の影響をコントロールしなければならない。そこで、1 人当たり収入（PCI）を不況の状況を示す代理変数として推定モデルに投入することにする。

本章のデータ・セットを構成する 22 カ国とは、オーストリア、ベルギー、フランス、ドイツ、アイルランド、オランダ、スペイン、英国（西欧）、チェ

---

[4] The Freedom in the World の指標は、政治的権利と市民的自由のスコアであり、それぞれがいくつかの項目を構成している。政治的権利の項目は、選挙過程、複数政党制度、政治参加、政府機能である。市民的自由の項目は、思想・表現の自由、評価・組織の自由、法治主義、個人による自治と人権、である。国の民主主義と政治的自由の評価やランク付けの中でも、この指標は特徴的で、また民主主義や政治情勢を反映する概念や定義としてもバランスが取れており、政治体制の代理変数として実証分析に使用するのに相応しいと考える。

コ共和国、ハンガリー、ルーマニア、スロバキア（中東）、アルジェリア、ブラジル、コロンビア、メキシコ、ペルー（ラテンアメリカ）、そしてオーストラリア、イスラエル、日本、アメリカ合衆国（先進国）かである。本章では、非営利セクターのうち、主要活動が教育分野あるいは保健医療分野である非営利サブセクターを抽出し固定効果モデルの推定に用いた。本章のサンプル・サイズは、44 である。表 2-2 と表 2-3 は、それぞれデータの出所と基礎統計値を示す。

第 4 節　推定結果とその解釈

表 2-4 の 1、2 列目は、式(2-1)の分子が有給 FTE 雇用者数である場合に、式(2-2)を推定した結果を表している。一方、3、4 列目は、式(2-1)の分子が有給 FTE 雇用者数だけでなくボランティア FTE 数も含む場合の推定結果を示す。また、1、3 列目はプーリング・モデル[5]、2、4 列は一元配置固定効果モデルの推定結果である。表 2-4 から明らかなように、Salamon et al. (2000) と同様に本章でも観測可能な需要の異質性（ODH）は説明力を持たない。しかし、Salamon et al. (2000) と違って、教育・保健医療分野への政府支出（GEXP）は説明力を持ち、プーリング・モデルと一元配置固定効果モデルの両方で、その係数は負の値をとる。

尤度比検定（検定値：$\chi^2 = 3.78$）と F 検定（検定値：$F = 3.23$）によると、帰無仮説（$H_0: \alpha_1 = \alpha_2$）は、10％有意水準で棄却される。したがって、ボランティア雇用を考慮しない場合、プーリング・モデルより一元配置固定効果モデルの方が、利用したデータ・セットへの当てはまりが良いことがわかる。つまり、教育と保健医療の 2 分野間で、観測不可能な需要の異質性が存在しているという仮説が棄却できないことになる。一方、準公共財・サービスへの政府直接支出（GEXP）と非営利セクターによる供給への政府補助金（GFS）は、

---

[5] プーリング・モデルを推定するということは、あたかも 44 のクロスセクション・データを用いて回帰分析を行うようなものである。

表 2-2 データの出所

非営利セクターの規模（データ年度：1995）	Salamon et al.（1999, 2000）
宗派指標[a]（データ年度：1994）	Britanica World Data（1994）
GNPに占める教育部門の政府支出割合（データ年度：1995）	United Nations Development Programme（1995）
GDPに占める保健医療部門の政府支出割合（データ年度：1995）	World Health Organization（1995）
教育、保健医療、総非営利セクターの歳入における政府資金援助の割合（データ年度：1995）	Salmon et al.（1999, 2000）
1人当たり収入（データ年度：1995）	CHASS Data Center, University of Toronto（n.d）
政治的権利と市民的自由の平均スコア（データ年度：1995）	Freedom house, Freedome in the World 1995

[a] 宗派指標のデータはジョンズ・ホプキンス大学のS. Wojciech Sokolowski氏によって提供されたものである。

表 2-3 基礎統計値

	SNS	SNSV	ODH	GEXP
平均値	1.40E-02	1.53E-02	0.245053	5.32E-02
最大値	6.200E-02	6.100E-02	5.741E-01	8.200E-02
最小値	1.652E-04	2.330E-04	6.071E-03	1.800E-02
標準偏差	1.541E-02	1.576E-02	1.582E-01	1.480E-02
	GFS	GEXPFS	PCI	PRCL
平均値	4.647E-01	165119	1.528E+04	1.977E+00
最大値	9.702E-01	7.17E+06	2.838E+04	4.500E+00
最小値	4.635E-03	1.08424	4.449E+03	1.000E+00
標準偏差	2.720E-01	1.08E+06	6.972E+03	1.115E+00

SNS はボランティアを含まない非営利セクターの規模（教育、保健医療部門）、$SNSV$ はボランティアを含む非営利セクターの規模（教育、保健医療部門）、ODH は宗派分類指標（人口の不均一性を測定する指標）、$GEXP$ は GNP に占める教育部門への政府支出割合と GDP に占める保健医療部門への政府支出割合、GFS は総非営利セクターの歳入に占める政府資金援助の割合、$GEXPFS$ は政府支出と政府資金援助の交差項（教育、保健医療部門）、PCI は1人当たり収入（国の発展度を測定する指標）、$PRCL$ は政治的権利と市民的自由の平均スコア（民主主義と政治的自由度）をそれぞれ表す。

表2-4 式(2-2)の推定結果

被説明変数	プールされたデータ（教育と保健医療分野）			
	非営利セクターにおける 有給スタッフFTE雇用		非営利セクターにおける有給スタッフとボランティアのFTE雇用	
	プーリング モデル	一元配置固定 効果モデル (#)	プーリング モデル (#)	一元配置固定 効果モデル
	lnSNS	lnSNS	lnSNSV	lnSNSV
定数項 (α)	-31.7916 (7.796)***	—	-26.1644 (7.699)***	—
観察可能な需要の不均一性（ODH）	0.2364 (0.196)	0.2521 (0.253)	0.2861 (0.193)	0.2735 (0.253)
教育と保健医療部門における政府支出（GEXP）	-1.8680 (0.722)**	-1.7783 (0.598)**	0.3964 (0.713)	0.3245 (0.640)
教育と保健医療部門の歳入に占める政府資金援助の割合（GFS）	0.1445 (0.173)	0.1230 (0.175)	0.1964 (0.171)	0.2137 (0.113)*
GEXOとGFSの交差項（GEXPFS）	-0.1285 (0.073)*	-0.1417 (0.050)***	-0.1141 (0.072)	-0.1035 (0.054)*
1人当たり収入（PCI）	2.2528 (0.732)***	2.2528 (0.627)***	2.2986 (0.723)***	2.3072 (0.616)***
政治的権利と市民的自由の平均スコア（PRCL）	0.3493 (0.439)	0.3979 (0.418)	0.8731 (0.434)*	0.8342 (0.388)**
観測数	44	44	44	44
自由度修正済み決定係数	0.433	0.466	0.384	0.401
	部門	観測不可能な 需要の異質性	部門	観測不可能な 需要の異質性
	保健医療（α_1）	-31.1876 (6.759)***	保健医療（α_1）	-26.6483 (7.194)***
	教育（α_2）	-31.7499 (6.754)***	教育（α_2）	-26.1978 (7.182)***

括弧内はホワイトの不均一分散に頑健な標準誤差
PRCL以外のすべての説明変数は自然対数値である
***、**、*はそれぞれ有意水準1%、5%、10%で有意であることを示す
#は仮説検定 $H_0: \alpha_1 = \alpha_2$ に基づく望ましいモデルである

その両方ともが政府による意思決定であるので、GEXP と GFS の相互作用効果を把握する目的で GEXP と GFS の交差項（GEXPFS）を説明変数に加えた。

表2-4から、観測可能な需要の異質性は説明力がないという結果ではあるが、一方で、選択されるべきモデルが一元配置固定効果モデルであることから、観測不可能な需要の異質性の存在が認められる。また GEXP の係数は負であることから、Corbin（1999）の政府の失敗理論の検定方法に従えば、政府の失敗理論の頑健性をそう簡単には否定できないことになる。つまり、われわれの分析結果は、非営利セクターの規模が国ごとに異なる理由を説明する理論として、政府の失敗理論がなおも有効であることを意味する。

いま、政府の準公共財・サービスに対する直接支出がどの程度非営利セクターに影響を与えるかを見るために、式(2-2)を x_{2ij} で偏微分する。

$$\left.\frac{\partial(\alpha_j + \sum_{k=1}^{6}\beta_k x_{kij} + \varepsilon_{ij})}{\partial x_{2ij}}\right|_{x_{3ij}=\bar{x}_3} = \beta_2 + \beta_4 \bar{x}_3 \tag{2-3}$$

ここで、$\bar{x}_3$ は、x_{3ij} の平均値を表す。したがって、一元配置固定効果モデルの推定結果（表2-4の2行目の β_2 と β_4 の推定値）と $\bar{x}_3$ の値（表2-3の GFS 平均値の自然対数値）より、政府支出が1％上昇すると、非営利セクターの規模はおよそ1.7％減少するという結果を得る。

また、国によって異なる経済の特色をコントロールする代理説明変数として使用した1人当たり収入（PCI）については、PCI が1％増加すると、非営利セクターの規模がおよそ2.3％大きくなるという結果となった。

一方、式(2-1)がボランティアFTE数を含む場合、プーリング・モデルの方が一元配置固定効果モデルより当てはまりが良いという結果となった。これは、尤度比検定（検定値：$\chi^2 = 2.5$）と F 検定（検定値：$F = 2.1$）より、保健医療と教育の2分野間で観測不可能な需要の異質性が存在しないという帰無仮説（$H_0: \alpha_1 = \alpha_2$）を10％有意水準で棄却できないことからわかる。つまり、観測不可能な需要の異質性は存在しないのである。また、推定結果の3行目に示されるように、観測可能な需要の異質性の係数も有意ではない。GEXP もプーリング・モデルでは説明力を持たず、仮説1は完全に棄却される。し

第4節　推定結果とその解釈

たがって、式(2-1)がボランティアFTE数を含む場合、統計的に政府の失敗理論の頑健性を支持することはできない。

式(2-1)がボランティアFTE数を含まない場合と異なり、PRCLの係数は有意な結果となる。民主主義レベルや政治的自由度が高い国では非営利活動が活発であり、その係数は負であるという仮説を立てていたが、推定結果は仮説の逆を支持するものになっている。PRCL（自然対数値でない）のポイントが1つ上がると、非営利セクターの規模がおよそ87％大きくなることになり、これは民主主義レベルや政治的自由度が低い国ほど、非営利セクターの規模は大きいことを示している。

なお、式(2-1)がボランティアFTE数を含む場合に選択された一元配置固定効果モデルとボランティアFTE数を含まない場合に選択されたプーリング・モデルの推定結果に共通していえることは、PCIの係数が正であることである。このことから、1人当たり収入が高い国ほど非営利セクターの規模は大きくなるといえる。これは国民1人当たりの収入が増えると、非営利セクターへの寄付が増えるため、それを収入源とする非営利セクターの規模は拡大すると予想することができる。

推定結果について注意が必要なことは、第1章で述べたとおり、準公共財・サービスに対する政府支出と非営利活動への公的資金援助が内生変数である可能性があるということである。もし中位投票者以外の異質性の高い様々な消費者に向けた準公共財・サービスの供給については、機動性に富む非営利セクターの方が政府より適していると政府が判断するならば、合理的な政府であれば、中位投票者以外の消費者にむけて準公共財・サービスを直接供給することは控え、非営利セクターにその供給を委ねるだろう[6]。その代り政府セクターは補助金を非営利セクターに支払いそのような非営利セクターの活動を支援しようとするだろう。このシナリオ（補完的財政支援仮説）を正確に検証するためには、第1章もしくはMatsunaga and Yamauchi（2002）

---

6) 政府による準公共財供給に使われなかった直接財政支出は、政府助成金として非営利セクターへ移転されることになるかもしれない。

でなされたように、$GEXP$ (x_{2ij}) と GFS (x_{3ij}) を内生変数として扱い、二段階最小二乗法（2SLS）を用いて式(2-2)を再び推定する必要がある。しかし、2SLSは大標本分析であるため、44サンプル・サイズでは2SLSにより得られる係数は、一致性を持たない。そのため現時点では、本章でそれを適用することは難しい。ただし、JHCNPは現在も進行中であり、今後大標本分析ができるようになる可能性は存在する。

以上の結果より、政府の失敗理論は、第1章の結果と同じように、ここでもまた非営利セクターの特性 – つまり非営利セクターの規模が国ごとに大きく異なるということ – を合理的に説明する余地があると結論付けられる。ただし、非営利セクターの規模を有給雇用者だけでなくボランティアも含めて定義した場合、この結論は変化する。このとき政府の失敗理論の頑健性はもはや実証されないことに注意が必要である。

第5節　まとめ

本章では、Salamon et al.（2000）で使用されたデータ・セットを利用し、政府の失敗理論が地域により異なる非営利セクターの規模を説明できるかということを実証分析した。Salamon et al.（2000）が持つ小サンプル・サイズの問題を、できる限り軽減するため、JHCNPデータを使ってプーリング・データを作成し、Salamon et al.（2000）とは異なるモデルで推定を行った。

被説明変数にボランティアが含まれない場合、一元配置固定効果モデルが統計的に支持された。その推定結果から、第1章に引き続き、Corbin（1999）の検証手法をパネル分析に適用し、政府の失敗理論の頑健性を検定する実証分析 – すなわちCorbinの検定 – を展開した。その結果、第1章と同様、政府の失敗理論の頑健性を統計的に支持する結果を得ることができた。このことは、Salamon et al.（2000）がモデルの特定化ミスと少サンプル・サイズの問題に直面している可能性を示唆している。

一方、被説明変数にボランティアが含まれる場合、プーリング・モデルが統計的に支持された。その推定結果は、政府の失敗理論が非営利セクターの

第 5 節　まとめ

特性（国ごとに異なるセクターの規模）を説明しうるということを統計的に支持できないことを示している。政府の失敗理論では、地域ごとの非営利セクターの規模の多様性を説明できないことから、ここでの分析の結論は注意深く解釈されなければならない。このことは、非営利セクターの規模やボランティア雇用の範囲をどのように測定するのか、議論の余地を残すものである。また、当初の仮説に反し、民主主義レベルや政治的自由度が高まれば、非営利セクターの規模が拡大するということが統計的に支持された。これは、本章のサンプルに含まれる Freedom House のデータが、ばらつきが少なく、政治体制の相違や多様性を完全に定量化できていないからかもしれない。民主主義レベルと政治的自由をスコアによって「自由」「ある程度自由」「不自由」の 3 段階に分けてみると、本章で分析の用いるサンプル国のうち 17 カ国が「自由」に、5 カ国が「ある程度自由」に分類され、「不自由」に分類される国は存在しなかった。

　加えて、分析対象となった国別データの中でも特に、ボランティアのデータは各国の研究者の裁量に拠るところが非常に大きいということに注意が必要である。特に、ボランティアが被説明変数に含まれる場合、測定誤差が懸念される。このとき、政府の失敗理論が説明力を持たない（表 2-4 の 4、5 列目）という推定結果の信頼性は揺らぐことになる。しかしながら、非営利セクターの国際的潮流を検証する場合、現段階では JHCNP に頼らざるを得ないということも現実として受け止めなければならない。坐して十分なサンプル・サイズが入手可能になったのちに、政府の失敗理論の検証を行うべきか、それとも現時点で利用可能なデータを用いて、統計上の様々な工夫を凝らしながら、政府の失敗理論の検証を行うべきかという議論は、研究者によって意見の分かれるところではあるが、本章では、後者を選択したことになる。

　第 1 章と第 2 章より、準公共財・サービスの供給という視座に立つと、政府と非営利セクターは「協働」して、準公共財・サービスを供給しているというよりむしろ、政府は非営利セクターに準公共財・サービスの供給を外部委託（アウトソーシング）していると表現した方が適切であるという実証結果となった。

55

第2章　政府の失敗理論の定量分析 II

　本章での分析結果は，政府の失敗理論はそう簡単には棄却されるべきではないという結果を示している一方で，上述のように，いくつかの注意点が存在することも事実である。今後，政府の失敗理論の頑健性に関するさらなる実証研究が期待される。

参考文献

Baltagi, B. H. (2001) *Econometric Analysis of Panel Data* (2nd ed.), New York: John Wiley and Sons, Ltd.

Ben-Ner, A. and Van Hoomissen, T. (1992) An empirical investigation of the joint determination of the size of the for-profit, nonprofit and government sectors, *Annals of Public and Cooperative Economics*, 63, 391-415.

Britannica World Data (1994) *The New Encyclopedia Britannica* (15th ed.), Chicago.

CHASS Data Center, University of Toronto, (n.d.), *Penn World Tables* 6.1, (http://datacentre2.chass.utoronto.ca/pwt/alphacountries.html) 7/7/2008 access.

Corbin, J. J. (1999) A study of factors in influencing the growth of nonprofits in social services, *Nonprofit and Voluntary Sector Quarterly*, 28, 296-314.

Matsunaga, Y. and Yamauchi, N. (2002) Is the government failure theory still relevant?: A panel analysis using the U.S. state level data, *Annals of Public and Cooperative Economics*, 75(2), 227-263.

Moulton, B. R. (1986) Random group effects and the precision of regression estimates, *Journal of Econometrics*, 32, 385-397.

Moulton, B. R. (1987) Diagnostics for group effects in regression analysis, *Journal of Business and Econometric Studies*, 5, 275-282.

Freedom in the World 1995 (website) *Freedom house*, (http://www.freedomhouse.org) 9/5/2009 access.

Salamon, L. and Anheier, K. H. (1998) Social origins of civil society: Explaining the nonprofit sector cross-nationally, *Voluntas*, 9(3), 213-248.

Salamon, L. M., Anheier, H. K., List, R., Toepler, S., Sokolowski, W. S. and Associates (1999) *Global Civil Society-dimensions of the Nonprofit Sector*, Baltimore: The Johns Hopkins Center for Civil Society Studies.

Salamon, L. M., Sokolowski, S. W. and Anheier H. K. (2000) Social origins of civil society: An overview, *Working Papers of the Johns Hopkins Comparative Nonprofit Sector Project*.

United Nations Development Programme (1995) *Human Development Report* 1999, Published for the United Nations Development Programme, Oxford University Press.

World Health Organizations (1995) *The World Health Report* 1999, World Health Organizations.

第 3 章

フィランソロピーの定量分析

　フィランソロピー（Philanthropy）は非営利組織にとって、重要な生産投入要素である。フィランソロピーとは、ギリシャ語のフィラン（愛）とアンソロポス（人類）の合成語であり、人を愛することを意味する。日本では一般に、博愛、人類愛、慈善事業、慈善活動、慈善団体と訳されることが多い。最近では企業による社会奉仕事業や公益活動全般を指す場合もある。特に、企業が芸術活動を支援することをフランス語でメセナという。ローマ帝国初期の政治家ガイウス・マエケナス（Gaius Maecenas）が文人達を経済的に保護して、文化面での興隆に力を注いだことから、後世その名をとって芸術活動を支援することを「メセナ」というようになった。したがって、メセナはフィランソロピーの中でも芸術活動支援に特化したものであり、フィランソロピーはメセナを包含する広い概念であるといえる。

　これまでフィランソロピーは、経済学者の興味を引くことはあまりなかったと言ってよい。組織や個人が寄付をするかどうか、あるいはボランティアをするかどうかという選択は、経済価値をベースになされるのではなく、博愛や人間愛、企業倫理といった人や企業のモラルをベースになされると考えられていたからである。経済価値や見返りを求めずなされるフィランソロピーを、少数の裕福な者が行う贅沢な趣味と捉える経済学者もいた。そのような経済学者にとっては、何ら新しい発見をフィランソロピーから見出すことはできないと考えていた。ところが、今やフィランソロピーに関する研究は多くの経済学者の興味を引くトピックとなっている。これは、いくつかの実証研究により、世界中の多くの国々で多くの人が寄付とボランティアに従事しており、そ

れは到底無視できるものではないことが明らかとなったからである(e.g. Hodgkinson and Weitzman 1984)。人はなぜフィランソロピーに従事するのかということについて、経済学者は改めて向き合わなければならないことになった。そして、機会費用や限界税率などの経済学の基礎的概念とフィランソロピーを結びつけ、寄付とボランティアの経済理論を構築して来た。

このような中、人々がフィランソロピーに従事する要因を探る目的で、多くの研究者が定量分析を行っている(Menchik and Wiesbrod 1987, Brown and Lankford 1992, Smith et al. 1995, Freeman 1997, Enjolras 2002, Yen 2002, Auten et al. 2002, Cappellari and Turati 2004, Hrung 2004)。これらの先行研究の多くで学歴の高い人や世帯収入の多い人は、そうでない人より寄付やボランティアをする傾向にあるという推定結果を得ている。また、寄付は博愛や倫理観からなされるのではなく、節税を目的になされるという推定結果やボランティアは、入試や就職などを有利に進めるための手段やコミュニケーション・スキルのアップなどの自己投資目的でなされているという帰結に至ったものもある。

このように欧米では、寄付とボランティアに関する実証研究が徐々に増えてきている一方で、日本人のフィランソロピーに関する研究は、先行研究の数も少なく、決して欧米と比べて進んでいるとは言えない。そこで本章では、日本人のフィランソロピーに関する実証分析を試みる。

第1節　寄付とボランティアの定量分析
　── 日本人のフィランソロピー

いま寄付とボランティアに関する二変量プロビット・モデルを仮定する[1]。

$$\begin{cases} GIVE^* = \gamma_1 VOLR^* + \beta_1' X_1 + \varepsilon_1 \\ VOLR^* = \gamma_2 GIVE^* + \beta_2' X_2 + \varepsilon_2 \end{cases} \tag{3-1}$$

---

1) ここでは、フィランソロピーの経済モデルの構築は次節に譲り、先行研究を参考に実証モデルの構築を行っている。

もし $GIVE^* > 0$ なら、$GIVE = 1$、それ以外は 0

もし $VOLR^* > 0$ なら、$VOLR = 1$、それ以外は 0

$[\varepsilon_1, \varepsilon_2] \sim bivariate\ N\,(0,\ 0,\ 1,\ 1,\ \rho),\ -1 < \rho < 1$

　つまり、誤差項 ε_1, ε_2 は、それぞれ平均 0、分散 1、相関係数 ρ の二変量正規分布に従うものとする。X_1 と X_2 はそれぞれ、寄付とボランティアの決定要因であり、式(3-1)の説明変数である。$GIVE^*$ は $GIVE$ の潜在変数であり、$VOLR^*$ は $VOLR$ の潜在変数である。

　Greene (1998) によると、式(3-1)で表される同時方程式に誘導型はなく、推定不可能であるが、$\gamma_1 = 0$ かつ $\gamma_2 \neq 0$ あるいは、$\gamma_1 \neq 0$ かつ $\gamma_2 = 0$ を仮定した場合、推定可能である。そこで本章では、$\gamma_1 \neq 0$ かつ $\gamma_2 = 0$ のケースを推定する。つまり、ボランティアをするかどうかの意思決定は、寄付をするかどうかの意思決定に影響を与えるが、寄付をするかどうかの意思決定は、ボランティアをするかどうかの意思決定に影響を与えない場合を想定する。近年、ボランティアをする人たちの人口は学生を中心に増加している。大学でもボランティア部やインターンシップ・プログラム、ボランティア活動を積極的にゼミに取り入れるフィールドワーク型ゼミなども増加する傾向にある。このようなボランティア活動を行うかどうかの決断は、寄付をするかどうかの決断には依存しないであろう。また、路上で行われている募金運動で寄付するかどうかがボランティアをするかどうかの決断に影響するようなことも少ないのではないだろうか。一方、NPO などに所属し、そこでボランティアに従事すると、寄付をする機会は増え、寄付をするかどうかの決断に迫られることは多いと考える。つまりボランティアをするかどうかの決断が、寄付をするかどうかの決断に影響を与えることになる。

　さて、$\gamma_1 \neq 0$ かつ $\gamma_2 = 0$ のとき式(3-1)は下記のようになる。

$$\begin{cases} GIVE^* = \gamma_1 VOLR^* + \beta_1' X_1 + \varepsilon_1 \\ VOLR^* = \beta_2' X_2 + \varepsilon_2 \end{cases} \tag{3-2}$$

次節では、式(3-2)を推定するためのデータ・セットについて紹介する。

第2節　データ・セットの概要 ― JGSSとは

　式(3-2)を推定に使用するデータは日本版総合的社会調査（JGSS: Japanese General Social Surveys）プロジェクトによるデータ・セットである。JGSSは、日本人の意識や行動を総合的に調べる社会調査を継続的に実施し、二次利用を希望する研究者にそのデータを公開することで、多様な学術研究を促進しようとするプロジェクトである。調査項目は、就業や生計の実態、世帯構成、余暇活動、犯罪被害の実態、政治意識、家族規範、死生観など多岐にわたり、様々な問題に応えることができる調査データを蓄積している。プロジェクトの開始以降、すでに多くの調査データを公開しており、幅広い分野の研究・教育に役立てられている。

　プロジェクトの一番の特徴は、継続的な調査データの公開による研究資源の共有にある。このような性格を持つ社会調査としては、アメリカの総合的社会調査（GSS: General Social Survey）が有名であり、JGSSはGSSを模範としている。GSSは、シカゴ大学のNational Opinion Research Centerが1972年から継続して行っている総合的社会調査である。アイルランド、イギリス、オーストラリア、カナダ、ドイツ、台湾、韓国、中国などでも、GSSと類似の調査が行われており、JGSSはその日本版である。

　JGSSの成果の蓄積は、GSSと比較するとまだ少ないが、公開データの利用による研究の成果は、国内外の学会や大会において数多く報告されている。JGSSはいまや日本を代表する社会調査の1つとなっている。

　その中でも、本章で用いられているJGSS-2005は、2005年9月1日時点で満20歳以上89歳以下の全国の男女個人を対象に行われた社会調査である。抽出方法は、層化二段無作為抽出法である。具体的には、全国を6ブロックに分け、市郡規模によって3段階に層化し、人口比例により307地点が抽出されている。また、各地点において等間隔抽出法により、13〜15名が抽出されている。アタック数は、4,500ケースである。有効回収数は2,023ケースであり、回収率は50.5％である。

第3節　推定結果とその解釈

　被説明変数および説明変数に関する説明は表3-1に、基礎統計値は表3-2に示してある[2]。また、式(3-2)を同時推定した結果は、表3-3に示してある。ここで、表3-3に示されている推定結果は式(3-2)の誤差項の間に相関関係がない（$\rho=0$）という仮説を棄却できなかったため、$\rho=0$を前提に推定した結果[3]である。推定結果をまとめると次のようになる。

【寄付関数の推定】（表3-3左列）

G1.　ボランティアをする人のほうが、寄付もする確率は高い。

G2.　男性より女性のほうが寄付をする確率は高い。

G3.　年齢が高くなるほど寄付をする確率は上がる。

G4.　既婚者のほうが未婚者より寄付をする確率は高い。

G5.　教育レベル[4]が高くなると寄付をする確率は上がるが、それは逓減的

---

2) 寄付価格は寄付を行うかどうかということに大きく影響することがいくつかの先行研究で明らかにされている。米国の場合、寄付価格は、（1-限界税率）で定義される。米国では一般に寄付を行うと課税所得の限界税率に応じて税控除がなされる。したがって、1000ドル寄付したとしても、まるまる100ドルの損失を出したことにはならない。例えば、アメリカの2009年時点での課税対象所得額$357,700以上の個人の限界税率は、39.6%である。したがって寄付価格は、0.604となる。一方、わが国には、寄付税制上、米国のような寄付価格なる概念が当てはまらない。わが国では、寄附金控除額は、その年に支出した特定寄附金の額の合計額とその年の総所得金額等の40%相当額のいずれか低い金額から2千円を差し引いた額と計算される。加えて、また大阪大学NPO研究情報センターとUFJリサーチ＆コンサルティング（2005）によると、日本人で税控除を申告するのは3.7%に過ぎない。したがって、本章の説明変数に寄付の価格は含まれてはいない。

3) まず、寄付関数とボランティア関数の誤差項の間に相関関係がある（$\rho \neq 0$）ことを仮定し、推定を行った。しかしながら、帰無仮説（$H_0: \rho = 0$）を棄却することができなかった。

4) JGSS-2005の設問では学歴に関する設問はカテゴリー化されているが、本章では各カテゴリーを教育年数（最終学歴卒業までに要した年数）に変換している。詳細は下記の通りである。旧制尋常小学校→6年、旧制高等小学校→8年、旧制中学校・高等女学校→10年、旧制実業学校→11年、旧制師範学校→12年、旧制高校・旧制専門学校・高等師範学校→13年、旧制大学・大学院→16年、新制中学校→9年、新制高校→12年、新制短大・高専→14年、新制大学→16年、新制大学院→18年。

表 3-1 被説明変数と説明変数

被説明変数	
GIVE	= 過去1年間に寄付をしたなら1、していないなら0
VOLR	= 過去1年間にボランティアをしたなら1、していないなら0
Independent Variables	
SEX	= 男なら1、女なら0
AGE	= 年齢
SPOUSE	= 既婚なら1、未婚なら0
REMOTE	= もし農村や漁村で育ったらな1、そうでないなら0
HEALTH	= 健康状態

HEALTH:

悪い				良い
0	1	2	3	4

RELIG = 宗教の信仰の状態

Atheist	Not so devoted	Somewhat devoted	Very devoted
0	1	2	3

EDUC	= 教育レベル
EDUC2	= 教育レベルの二乗

HOUSINC = 税金を差し引く前の世帯収入

0. 0〜700,000 円未満
1. 700,000〜1,300,000 円未満
2. 1,300,000〜2,500,000 円未満
3. 2,500,000〜4,500,000 円未満
4. 4,500,000〜6,500,000 円未満
5. 6,500,000〜8,500,000 円未満
6. 8,500,000〜12,000,000 円未満
7. 12,000,000〜16,000,000 円未満
8. 16,000,000〜23,000,000 円未満
9. 23,000,000 円以上

TPHOUSE	= 借家なら1、持ち家なら0
SCALE1	= 中規模都市に住んでいるなら1
SCALE2	= 小規模都市に住んでいるなら1

社会問題に関する責任の所在

個人や家族				国や地方自治体

OPSRWFY	= 高齢者の生活保障(生活費)	0	1	2	3	4
OPSRMDY	= 高齢者の医療・介護	0	1	2	3	4
OPCCARE	= 子どもの教育	0	1	2	3	4
OPCCED	= 保育・育児	0	1	2	3	4

OPGVEQ = 政府は、裕福な家庭と貧しい家庭の収入の差を縮めるために、対策をとるべき

反対	どちらかといえば反対	どちらとも言えない	どちらかといえば賛成	賛成
0	1	2	3	4

COMPEDU	= 義務教育の子供の数
MEMVLN	= 政治関係の団体や会に所属しているなら1、所属していないなら0
MEMIND	= 業界団体・同業者団体に所属しているなら1、所属していなら0
MEMCIV	= ボランティアのグループに所属しているなら1、所属していなら0
MEMRL	= 市民運動・消費者運動のグループに所属しているなら1、所属していなら0
MEMSPT	= 宗教の団体や会に所属しているなら1、所属していなら0
MEMPLT	= スポーツ関係のグループやクラブに所属しているなら1、所属していなら0

表 3-2　基礎統計値

変数	平均	標準偏差	歪度	尖度	最小値	最大値	変数の種類
GIVE	0.6984	0.4592	−0.8642	1.7459	0	1	2値
VOLR	0.1272	0.3334	2.2364	6.0006	0	1	2値
SEXX	0.5214	0.4998	−0.0854	1.0064	0	1	2値
AGEB	53.1335	16.1339	−0.1009	2.0419	20	89	実数
SPOUSE	0.7598	0.4274	−1.2157	2.4769	0	1	2値
EDUC	12.2375	2.6680	−0.1143	2.6974	6	18	実数
EDUC2	156.8690	65.1435	0.4179	2.6668	36	324	実数
MEMCIV	0.0142	0.1185	8.1978	68.2037	0	1	2値
MEMRL	0.0730	0.2602	3.2828	11.7755	0	1	2値
MEMVLN	0.0632	0.2434	3.5898	13.8860	0	1	2値
MEMSPT	0.1637	0.3702	1.8170	4.3006	0	1	2値
MEMPLT	0.0329	0.1785	5.2334	28.3871	0	1	2値
MEMIND	0.0934	0.2911	2.7930	8.8000	0	1	2値
RELIG	0.5383	0.7903	1.3842	4.1498	0	3	多項
OPSRWFY	2.6530	1.1637	−0.5437	2.5340	0	4	多項
OPSRMDY	2.9137	1.0323	−0.7889	3.1426	0	4	多項
OPCCED	1.7215	1.3068	0.2512	2.0173	0	4	多項
OPCCARE	1.7020	1.2776	0.2442	2.0642	0	4	多項
OPGVEQ	2.7482	0.9986	−0.3660	2.5798	0	4	多項
HEALTH	2.5561	1.1875	−0.4317	2.2929	0	4	多項
TPHOUSE	0.2402	0.4274	1.2157	2.4769	0	1	2値
COMPEDU	0.3612	0.7720	2.1590	6.9303	0	4	実数
HOUSINC	3.8737	1.9150	0.1734	2.6782	0	9	多項
SCALE1	0.6548	0.4756	−0.6509	1.4228	0	1	ダミー
SCALE2	0.1610	0.3677	1.8436	4.3980	0	1	ダミー

表 3-3　寄付とボランティアの計量モデル推定結果

被説明変数	GIVE		被説明変数	VOLR	
説明変数	係数	標準誤差	説明変数	係数	標準誤差
定数項	−3.722***	0.845	定数項	−4.498***	1.373
VOLR	0.315**	0.152	—		
SEX	0.374***	0.088	SEX	−0.167	0.133
AGE	0.015***	0.004	AGE	0.015***	0.005
SPOUSE	0.353***	0.110	SPOUSE	0.305*	0.163
EDUC	0.319***	0.123	EDUC	0.187	0.185
EDUC2	−0.011**	0.005	EDUC2	−0.006	0.007
RELIG	0.329***	0.063	RELIG	0.080	0.093
OPSRWFY	−0.018	0.050	OPSRWFY	0.075	0.076
OPSRMDY	−0.047	0.056	OPSRMDY	−0.084	0.081
OPCCED	−0.087*	0.049	OPCCED	−0.067	0.078
OPCCARE	0.046	0.050	OPCCARE	0.066	0.074
OPGVEQ	0.123***	0.044	GOVEQ	0.006	0.064
COMPEDU	0.123*	0.067			
HOUSINC	0.107***	0.027			
—			MEMCIV	0.670**	0.314
—			MEMRL	0.725***	0.223
—			MEMVLN	2.102***	0.183
—			MEMSPT	0.388***	0.140
—			MEMPLT	0.043	0.277
—			MEMIND	−0.001	0.196
—			HEALTH	0.098*	0.054
—			TPHOUSE	0.004	0.160
SCALE1	0.157	0.111	SCALE1	0.354*	0.197
SCALE2	0.178	0.145	SCALE2	0.195	0.264

誤差項の相関
　$\rho(1,2)$　　　　0(設定)
　対数尤度値　−907.9678

* は 10% 有意水準, ** は 5% 有意水準, *** は 1% 有意水準をそれぞれ示す.
LIMDEP 8.0 による推定.

である。
G6. 宗教に熱心になれば寄付をする確率は上昇する。
G7. 子どもの教育は国や地方自治体の責任だと考える傾向が強くなるにつれ寄付をする確率も上がる。
G8. 政府は裕福な家庭と貧しい家庭の収入の差を縮めるために対策をとるべきだと考える傾向が強くなるにつれ寄付をする確率も上がる。
G9. 義務教育の子供が増えると寄付をする確率は上がる。
G10. 税引き前の世帯収入が多いほど寄付をする確率は上がる。

【ボランティア関数の推定】（表3-3 右列）
V1. 年齢が高くなるほどボランティアをする確率は上がる。
V2. 既婚者のほうが未婚者よりボランティアをする確率は高い。
V3. 市民運動のグループに所属しているほうがボランティアをする確率は高い。
V4. 宗教の団体や会に所属しているほうがボランティアをする確率は高い。
V5. ボランティアのグループに所属しているほうがボランティアをする確率は高い。
V6. スポーツ関係のグループやクラブに所属しているほうがボランティアをする確率は高い。
V7. 健康状態が良くなるとボランティアをする確率は上がる。
V8. 中都市に住んでいるとボランティアをする確率が上がる。

　G1からV8で示された結果は、欧米の先行研究が見出した結果と同じような結果となっている。ここで、公共サービスのうち、子供の教育や所得格差の是正が国や地方政府の責任だと思うと寄付をする確率が増える理由は、国や地方政府のこれらの公共サービスに対する供給が過小であるため、これらの公共サービスを供給するNPOを支援すべく寄付をするようになるというシナリオが成り立っているからかもしれない。
　さて、表3-3は、説明変数の係数が有意であるかどうか、有意であるなら

被説明変数と正の関係にあるのか負の関係にあるのかを知ることができるだけで、どの程度寄付あるいはボランティアを行う確率が上がる（下がる）のかを知ることはできない。それを知るには限界効果を算出する必要がある。そこで、次に寄付関数に焦点をあて、限界効果を見てゆくことにする。

Greene（1996）に従えば、寄付関数における条件付き期待値は、

$$E[GIVE|X_1, X_2] = \Phi(\beta_2' X_2)\Phi(\beta_1' X_1 + \gamma_1) + \Phi(-\beta_2' X_2)\Phi(\beta_1' X_1) \quad (3\text{-}3)$$

で表される。ここで Φ は、標準正規分布の累積分布関数（cdf）を表す。そして、

① 連続型変数 k について限界効果は、

$$\begin{aligned}
\partial E[GIVE|X_1, X_2]/\partial k &= \left[\Phi(\beta_2' X_2)\Phi(\beta_1' X_1 + \gamma_1) + \Phi(-\beta_2' X_2)\Phi(\beta_1' X_1)\right]\beta_{1k} \\
&\quad + \left[\phi(\beta_2' X_2)\Phi(\beta_1' X_1 + \gamma_1) + \phi(-\beta_2' X_2)\Phi(\beta_1' X_1)\right]\beta_{2k}
\end{aligned} \quad (3\text{-}4)$$

ここで、ϕ は確率密度関数（pdf）である。

② 2値変数 m については、

$$\begin{aligned}
&E[GIVE|X_1, X_2, m=1] - E[GIVE|X_1, X_2, m=0] \\
&= \left[[\Phi(\beta_2' X_2)\Phi(\beta_1' X_1 + \gamma_1) + \Phi(-\beta_2' X_2)\Phi(\beta_1' X_1)]|m=1\right] \\
&= \left[[\Phi(\beta_2' X_2)\Phi(\beta_1' X_1 + \gamma_1) + \Phi(-\beta_2' X_2)\Phi(\beta_1' X_1)]|m=0\right]
\end{aligned} \quad (3\text{-}5)$$

③ (3-2a)式の内生変数で2値変数である $VOLR$ については、

$$\begin{aligned}
&E[GIVE|X_1, X_2, VOLR=1] - E[GIVE|X_1, X_2, VOLR=0] \\
&= \Phi(\beta_1' X_1 + \gamma_1) - \Phi(\beta_1' X_1)
\end{aligned} \quad (3\text{-}6)$$

で表すことができる。

確かにボランティアを行っているほうが寄付をする機会に恵まれることは多いだろう。つまり、ボランティアは寄付の呼び水としての機能を持つと考えられる。では、はたしてボランティアの寄付の呼び水効果は、世帯収入によりどのように変化するのだろうか。このことを検証するために、横軸にカ

図 3-1 世帯収入 vs. 限界効果

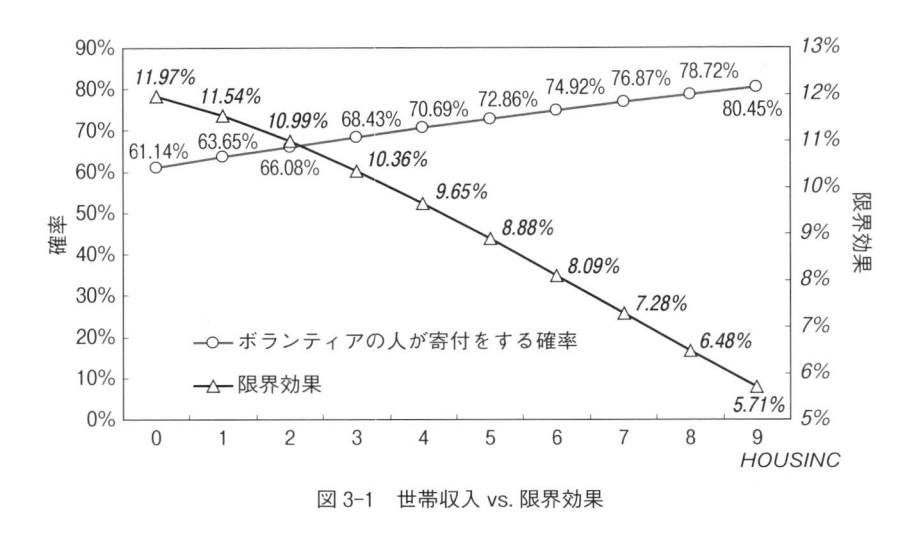

テゴリー化された世帯収入（税引前）を取り、縦軸に条件付き確率および限界効果を取ったグラフを描いてみる（図 3-1 参照）。ただし、式(3-6)より算出される限界効果は、$HOUINC$ と $VOLR$ 以外、説明変数の平均値（表 3-2 参照）で評価されている。図 3-1 から明らかなように、ボランティアを行っている人の世帯収入が増加すれば寄付をする確率は増加する。しかし、寄付をする確率の伸び率は、寄付をする人としない人ではどの程度違うのであろうか。例えば世帯収入が 70 万未満である場合、ボランティアをしない人よりボランティアをする人の方が、寄付をする確率が 11.97％高い。一方、世帯収入が 2,300 万円以上である場合、ボランティアをしない人よりボランティアをする人の方が寄付をする確率が 5.71％高い。つまり、世帯収入が増加すると、ボランティアをしているか、していないかによる寄付を行う確率の増加幅は小さくなる。言い換えると、世帯収入が増えるにつれ、ボランティアの寄付の呼び水としての効力は薄れてゆくことになる。これは、およそ世帯収入が増えると、寄付よりもボランティアを重視する傾向になるためかもしれない。USA Today（April, 2005: v133 i2719 p11）によると、モラル的な見地から寄付をするよりもボランティアをする方が大切だと考えるアメリカ人が多いという。もしかすると、この傾向は日本人にもみられ、世帯収入が多く

なるほどその傾向が増すということなのかもしれない。

第4節　まとめ

　日本人はどのような要因で、寄付あるいはボランティアをするかしないかを決めているのだろうか。またボランティアをしている人はボランティアをしていない人に比べて寄付を行う確率が高いと考えられるが、その確率の差は、世帯収入に応じて変化するのだろうか。本章ではこれらのことを、JGSS-2005 のデータを用いて明らかにしようと試みた。

　ボランティアは「無償の労働供給」、寄付は「人から人への単なる資金移転」という視点から、特に経済理論には馴染まないと考えられていたため、これまで慈善行為に関する研究を経済学者が盛んに行うことはなかった。ところが近年、多くの人々が寄付やボランティアを行っていることが明らかとなり、それは経済的に無視できないほどの規模であることが明らかとなった。そして、ボランティアの機会費用という視点や寄付の節税効果という観点から、フィランソロピーに関する計量分析が、欧米の経済学者によりなされるようになった。

　このことを鑑み、日本人の寄付とボランティアの意思決定要因分析を行った。本章での分析によりわかったことは、日本人の寄付とボランティアを行う要因は欧米人のそれとおよそ同じであり、先行研究と類似の分析結果を得たということである。先行研究にはなかった本章のユニークな点は、寄付とボランティアの意思決定の変化と世帯収入の変化との関係を分析したことにある。本章での分析により、世帯収入が増加するとそれに伴い、寄付をしなかったものが寄付をするという決定を下す確率の伸びが減るということである。つまり、世帯収入が増加するにつれ、寄付の呼び水としてのボランティアの効果は薄れてゆくことになる。これは、世帯収入が増加すると、モラル的な見地から寄付よりもボランティアを好むようになるからかもしれない。

参考文献

Auten, G. E., Sieg H. and Clotfelter, C. T. (2002) Charitable giving, income, and taxes: An analysis of panel data, *The American Economic Review*, 92(1), 371-381.

Brown, E. and Lankford H. (1992) Gifts of money and gifts of time: Estimating the effects of tax prices and available time, *Journal of Public Economics*, 47, 321-341.

Cappellari, L. and Turati, G. (2004) Volunteer labor supply: The role of workers' motivations, *Annals of Public and Cooperative Economics*, 75(4), 619-643.

Enjolras, B. (2002) Does the commercialization of voluntary organizations 'crowd out' voluntary work?, *Annals of Public and Cooperative Economics*, 73(3), 375-398.

Freeman, R. B. (1997) Working for nothing: The supply of volunteer labor, *Journal of Labor Economics*, 15(1), s140-166.

Greene W. H. (1996) Marginal effects in the bivariate probit model, *Working paper number 96-11*, Department of Economics, Stern School of Business, New York University.

Greene W. H. (1998) Gender economics courses in liberal arts colleges: Further results, *Journal of Economic Education*, 29(4), 291-300.

Hodgkinson, V. and Weitzman, M. (1984) *Dimensions of the Independent Sector: A Statistical Profile*, Independent Sector, Washington D.C..

Hrung, W. B. (2004) After-life consumption and charitable giving, *The American Journal of Economics and Sociology*, 63(3), 731-745.

Menchik, P. L. and Weisbrod, B. A. (1987) Volunteer labor supply, *Journal of Public Economics*, 32, 159-183.

Smith, V. H., Kehoe, M. R. and Cremer, M. E. (1995) The Private provision of public goods: Altruism and voluntary giving *Journal of Public Economics*, 58, 107-126.

Yen, S. T. (2002) An economic analysis of household donations in the USA, *Applied Economic Letters*, 9, 837-841.

大阪大学 NPO 研究情報センターと UFJ 総合研究所 (2005) 『日本の寄付とボランティア』NPO 研究情報センター.

第 4 章

寄付と政府支出の定量分析

　一般に、フィランソロピーを行う人の動機には、利他主義（Altruism）的なものと利己主義（Egoism）的なものが存在する。純粋に社会の役に立ちたいと願って行う利他的動機のほかに、寄付やボランティアには、それをやること自体が行為者の心に「ほんわりとしたぬくもり」をもたらすという性質がある。このようなフランソロピーの効用を押し上げる特質はワームグロー（Warm glow）と呼ばれている。この時、私たちは私的財を消費するのと同じようにフィランソロピーを捉えていることになる。多くの人々が、フィランソロピーを行う際、利他主義的動機と利己主義的動機の両方を持つとされている。Andrioni（1989, 1990）は、寄付行為が持つ利他主義的動機と利己主義的動機の両方を考慮した、不純な利他主義（Impure altruism）モデルを開発した[1]。ここで、そのモデルを紹介しておこう。

　いま、d_i を代表的個人 i が NPO などに行う寄付額であるとしよう。このとき、$D = \sum_i d_i$ は経済全体の寄付額の合計である。これらの寄付は NPO などによる準公共財・サービスの供給のために使われる。そこで、D を民間による準公共財・サービスの供給量（貨幣単位）と仮定する。一方、τ_i を代表的個人 i が支払う一括税（定額税）とすると、$T = \sum_i \tau_i$ は政府の税収の合計である。政府は税収すべてを準公共財・サービスの供給に使うと仮定すると、T は政府による準公共財・サービス供給量（貨幣単位）である。したがっ

---

1) このモデルの基礎となった研究は、Becker（1974）によるワームグローモデルである。

て、政府による準公共財・サービス供給量とNPOなどの民間により供給される準公共財・サービスの供給量の和は経済全体の準公共財・サービス供給量（G）であり、これは$G = D + T$で表すことができる。

さて、代表的個人iの効用関数U_iを

$$U_i = U(c_i, G) \tag{4-1}$$

で表すとする。ここでc_iは私的財消費量（貨幣単位）である。このとき、代表的個人iは利他主義者（Altruist）である。なぜなら、代表的個人$j(\neq i)$の効用関数は$U_j = U(c_j, G)$と書けることから、代表的個人iによる一括税と寄付は代表的個人jの効用もまた高めることになるからである。同様に、代表的個人iもまた他者による一括税と寄付より恩恵を受けることになる。

一方、代表的個人iが利己主義者（Egoist）であれば、彼の効用関数は、

$$U_i = U(c_i, d_i) \tag{4-2}$$

で表すことができる。なぜなら、代表的個人iは自分が行った寄付からのみ効用を得るからである。いったん寄付をすればそれが他者の効用を高めるかどうかは彼の関心事ではなく、寄付という行為自体から、ワームグローを得ることが彼の関心事なのである。彼の中では、d_iをc_iとは別の種類の私的財として扱っているにすぎない。

Andreoni（1989）によると、多くの代表的個人iが利他主義的側面と利己主義的側面を併せ持っている。このとき、代表的個人iの効用関数は、

$$U_i = U(c_i, G, d_i) \tag{4-3}$$

で表すことができる。このとき、代表的個人iは不純な利他主義者（Impure Altruist）と呼ばれる。他方、$G = D + T = d_i + D_{-i} + T$が成立している。ここで、$D_{-i}(= D - d_i)$は代表的個人$i$を除く経済全体の寄付額であり、$D_{-i}$と$T$の両方が外生変数である。したがって、不純な利他主義者は、$c_i + d_i = w_i - \tau_i$を予算制約として、式(4-4)で表される効用を最大にするように、c_iとd_iを選ぶことになる。

$$U_i = U(c_i, d_i + D_{-i} + T, d_i) \tag{4-4}$$

次に、このような寄付の効用最大化モデルを参考に、具体的な効用関数を仮定することにより、フィランソロピーの理論モデルからフィランソロピーの計量モデルに展開してみよう。簡素化のためにここでは、代表的個人 i はワームグローの動機によりフィランソロピーを行うと仮定する。

いま代表的個人 i の効用関数が、下記のように加法分離的な準線形効用関数（Quasi-linear utility function）であるとしよう。

$$\begin{aligned} &U(c_i, d_i, v_i) = c_i + u(d) + u(v_i), \\ &\partial u(d_i)/\partial d_i > 0, \ \partial^2 u(d_i)/\partial d_i < 0, \\ &\partial u(v_i)/\partial v_i > 0, \ \partial^2 u(v_i)/\partial v_i < 0 \end{aligned} \tag{4-5}$$

for all $c_i, d_i, v_i \geq 0$

特に、

$$U(c_i, d_i, v_i) = c_i + a_i ln(1 + d_i) + b_i ln(1 + v_i) \tag{4-6}$$

を仮定する。代表的個人 i は、効用を最大にするように消費財 c_i（貨幣単位）、寄付 d_i（貨幣単位）、ボランティア v_i（時間単位）を選ぶものとする。したがって、代表的個人 i が解く効用最大化問題は、

$$\begin{cases} \underset{c,d,v}{Max}\ U(c_i, d_i, v_i) = \underset{c,d,v}{Max}\ c_i + a_i ln(1 + d_i) + b_i ln(1 + v_i) \\ \text{s.t.} \\ c_i + p_i d_i \leq m_i + w_i(S_i - v_i), \\ l_i + v_i = S_i, \\ c_i, d_i, v_i \geq 0. \end{cases} \tag{4-7}$$

である。ここで、

m_i：非労働者所得

S_i：利用可能な全時間数

l_i: 労働時間

w_i: 名目賃金率

p_i: 寄付の価格

である。いま、簡素化のために消費財の価格を 1 に標準化しよう。寄付の限界効用とボランティアの限界効用をそれぞれ、$a_i \geq 0$、$b_i \geq 0$ で与える。

このとき、効用最大化問題の解は、

$$d_i = \begin{cases} 0 & if\ a_i \leq p_i \\ \dfrac{a_i}{p_i} - 1 & if\ a_i > p_i \end{cases} \tag{4-8}$$

$$v_i = \begin{cases} 0 & if\ b_i \leq p_i \\ \dfrac{b_i}{p_i} - 1 & if\ b_i > p_i \end{cases} \tag{4-9}$$

である。つまり、消費財の価格より寄付の限界効用が大きい場合にのみ、代表的個人 i は寄付を行うことになる。同様に、名目賃金率よりボランティアの限界効用が大きい場合にのみ、代表的個人 i はボランティアを行うことになる。

式(4-8)と式(4-9)で表されるように、解は内点解と端点解を持つが、これは式(4-6)のような準線形効用関数を仮定したからに他ならない。式(4-8)と式(4-9)は、寄付とボランティアに関する実際の消費者行動を適切に表しているといえる。なぜならアンケート調査において、近い過去（先週、先月、昨年など）に寄付したかどうか、あるいはボランティアをしたかどうかについて問うと、端点解の可能性を無視できないくらい多くの回答者が、寄付をしていない、あるいはボランティアをしていないと回答するからである。

いま、寄付の限界効用とボランティアの限界効用がそれぞれ、

$$a_i = exp(\alpha' X_i + \varepsilon_i) \tag{4-10}$$
$$b_i = exp(\beta' X_i + \mu_i) \tag{4-11}$$

で与えられているとする。ここで、X_i は、観察可能な個人属性（例えば年齢や性別など）であり、ε_i と μ_i はそれぞれ誤差項を表す。また、$\varepsilon_i/\sigma_\varepsilon$ は $\sigma_\varepsilon =$

$Var(\varepsilon_i)$ である対称分布 $G(\cdot)$ に従うと仮定する。同様に、μ_i/σ_μ は $\sigma_\mu = Var(\mu_i)$ である対称分布 $F(\cdot)$ に従うと仮定する。また、誤差項の共分散を $Cov(\varepsilon_i, \mu_i) = \rho$ で表す。

このような仮定を置くことにより、寄付とボランティアの計量モデルを推定することが可能である。第3節ではフィランソロピーの理論モデルから計量モデルへの展開プロセスを応用し、寄付と政府支出との関わりに関する計量分析を行う。その前に、寄付と政府支出との関係性および定量分析に関する先行研究について見てみよう。

第1節　寄付と政府支出の関係性

政府（中央・地方）が一括して準公共財・サービスの供給を行うのではなく、民間活用による効率的で質の高い準公共財・サービスを供給する新しい手法として、官民協働（PPP: Public Private Partnership）が注目されている。その目的は、準公共財・サービスの需給を過不足なく行うことと政府による準公共財・サービスへの財政支出を削減することである。その手法の1つに、外部委託（アウトソーシング）がある。アウトソーシングにより、政府は準公共財・サービスの直接供給に必要な費用より経済的な費用で需要にマッチした準公共財・サービスを供給することが可能である。アウトソーシングは、いわゆる「小さな政府」を実現するための1つの手法といえる。

官民協働により準公共財・サービスの供給を行う際、重要なことは、その需給に過不足が生じないことである。そして、政府の失敗理論より、政府による準公共財・サービスの供給量より、中位投票者以外のものが求める需要量が大きい場合、非営利組織が準公共財・サービスを追加的に供給し、需給のバランスをとることができると考えられる。したがって、準公共財・サービスによる過少供給が起こったとき、非営利組織の規模は拡大する。

政府による準公共財・サービスの供給量が十分かどうかを知るシグナルとして、準公共財・サービスに対する政府支出額が挙げられる。これが少ないといずれ、準公共財・サービスの供給は過少となると予想できる。一方、非

第4章 寄付と政府支出の定量分析

営利組織による準公共財・サービスの供給量が十分かどうかを知るシグナルはとして、非営利組織の活動を支えるエンジンの1つである寄付が挙げられる。先行研究によると、準公共財・サービスへの支出額と寄付額には次のような関係があるとする。非営利セクターの規模を決める一要素である寄付は、政府による準公共財・サービスの供給水準に影響を与える。政府の準公共財・サービスに対する支出が少ないと思えば、非営利組織による準公共財・サービスの供給が重要であると考えて、それを支援するために多くの人が寄付を行う。これは政府支出による寄付の呼び込み（クラウディング・イン）効果といわれる。逆に、政府が供給を増やせば、多くの人が寄付を減らそうとする。これは政府支出による寄付の締め出し（クラウディング・アウト）効果といわれる。

このような寄付と政府支出の関係を定量的に分析した論文は、欧米には比較的多く存在する。しかしながら、わが国においてはそのような論文は著者の知る限り皆無である。そこで本章では、政府支出と寄付の関係を定量的に明らかにするとともに、そこから導かれる地方自治体の準公共財・サービス供給に関する政策的含意を提示してみたい。

第2節　寄付と政府支出の定量分析に関する先行研究

政府支出による寄付のクラウディング・アウト効果に関しては、寄付税制によるインセンティブ効果の議論の過程から導かれ、完全なクラウディング・アウト（Warr 1982, Roberts 1984, Bergstorm et al. 1986）、部分的なクラウディング・アウト（Abrams and Schimitz 1978, Andreoni 1989, Kingma 1989, Payne 1998, Simmons and Emanuele 2004）、クラウディング・インとクラウディング・アウトの両方（Schiff 1985, Rose-Ackerman 1986, Brooks 2000, 2003, Bremen 2005, Borgonovi 2006）、効果なし（Reece 1979）の4パターンの結果が導かれている。

Warr（1982）と Roberts（1984）は理論的な側面から完全なクラウディング・アウトを説明している。個人は自己の消費と政府支出と自身の寄付の総額からなる社会全体の準公共財・サービスの水準から効用を得ると考える。この

モデルで想定される個人は完全に利他的であり、政府支出によっては賄えない準公共財・サービスの分野が存在する場合には、それを補填する形で非営利セクターによる準公共財・サービスの供給に期待して寄付を行う。個人にとっては、寄付行為そのものではなく、社会全体で得られる準公共財・サービスの総量が重要であり、かつ準公共財・サービスの質は誰が供給するかに関係なく一定であれば、政府支出の増加は、個人の寄付を同額分だけ減少させる。この様に、政府支出が1単位増加すれば、寄付が1単位減少する状態のことを完全なクラウディング・アウトという。一方、Roberts（1984）は、Giving USAの1955年から1981年までの分野別の寄付の推移を用いて、弱者救済のような慈善的な寄付とその分野への政府支出に注目し、ほぼ完全に近い形でのクラウディング・アウトが存在するという分析結果を得ている。

　Bergstorm et al.（1986）は、準公共財・サービスの供給量を寄付と政府支出の合計と見なし、理論モデルにより一般化している。ある条件下で非営利セクターへの政府支出は寄付を同額だけ減少させるとしているが、政府支出の財源を寄付者からの税金だけでなく、寄付をしない個人からの税金でも賄う場合は、寄付全体は増加するとしている。また寄付よりも大きな税金が課せられる場合にも、全体の寄付が増加することを理論的に証明している。

　完全なクラウディング・アウト効果は理論モデルでは説明されているものの、その後の実証分析の結果では、部分的な（不完全な）クラウディング・アウトを支持するものがほとんどであり、しかもその効果はさほど大きくはないことが明らかになっている。Andreoni（1989）は利己的動機によって個人が寄付を行う場合、政府支出と個人の寄付がゼロ・サム関係にあることは変わりなく、政府支出が個人の寄付をクラウディング・アウトするが、個人は自身の寄付行為からも効用を得るので、完全なクラウディング・アウトが起こらないことを理論的に説明している。

　部分的なクラウディング・アウトについて初めて実証的に明らかにしたのは、Abrams and Schmitz（1978）である。彼らは、アメリカの各州のクロスセクション・データを用いて実証分析を行っている。政府支出のうち、（1）連邦政府支出（健康福祉、教育）、（2）州・地方政府の公共支出、（3）社会保障

第4章 寄付と政府支出の定量分析

関係費および連邦政府の信託基金、の3つのうち、いずれの政府支出についても寄付に対する弾力性は −0.18 から −0.27 であり、政府支出と寄付との間に部分的なクラウディング・アウトが存在するとしている。

Kingma（1989）はアメリカの公共ラジオ局のリスナーへのアンケート調査による個票データを用いて分析を行っている。Kingma（1989）は、寄付価格、寄付者以外の会員リスナーの寄付、寄付者の所得、学歴、年齢を説明変数に加えて推定した結果、部分的なクラウディング・アウトが起こっていることを明らかにし、政府支出の寄付に対する弾力性は −0.15 であるとしている。

Payne（1998）は、政府支出における政治的側面を考慮した分析を行っている。例えば、州知事の支持政党が民主党である場合、社会厚生施策は高い供給水準に設定されると指摘している。政府支出に関する内生性の問題に対処するため、二段階最小二乗法（2SLS）を用いて推定した結果、部分的なクラウディング・アウトを観察し、政府支出の寄付に対する弾力性は −0.5 となっている。

Simmons and Emanuele（2004）はクロスセクション・データを用いて、州レベルの政府支出と寄付との関係を分析している。その結果、部分的なクラウディング・アウトが起こっているが、政府支出の寄付に対する弾力性はきわめてゼロに近いとしている。

クラウディング・アウトとインの両方があり得るとする先行研究では、寄付先の分野別に推定をしたり、政府支出の水準による違いを考慮したりしている。Schiff（1985）は、クロスセクション・データを用いた福祉分野への寄付関数の推定を行うに当たり、福祉分野での施策の性格の違いに注目している。実証分析の結果から、弱者救済への直接的な支援に向けた政府支出の場合、寄付に対するクラウディング・アウト効果がみられるが、政府支出が、福祉分野で活動する NPO への補助金に充てられる場合、寄付に対するクラウディング・イン効果が存在しているとしている。さらにそれぞれの政府支出の寄付に対する弾力性の係数は −2.88 と 4.56 であり、上述の他の先行研究に比べると、非常に大きな値となっている。また、寄付全体の推定でも、州政府支出は寄付をクラウディング・インするが（弾力性の係数は 1.89）、地

方政府支出は寄付をクラウディング・アウトするとの結果を得ている（弾力性の係数は −1.13）。つまり、州政府か地方政府かにより政府支出の寄付に与える影響は異なることがわかる。

Brooks（2000）は、アメリカの253のオーケストラに対する寄付のパネル・データを用いて分析を行っている。オーケストラに対する政府補助金について、その2乗項を含め、団体の年間平均収入、資金調達コスト、年間予算規模別の団体グループダミー、タイムトレンドを説明変数として推定した結果、政府支出と寄付は逆U字型の関係にあり、政府支出の規模が小さい時は寄付をクラウディング・インするが、規模が大きくなると寄付をクラウディング・アウトするとしている。Borgonovi（2006）もアメリカの舞台芸術分野に対する寄付のパネル・データを用いて同様の分析を試みている。さらに、政府支出について、政府支出の水準、政府支出の変化分、政府支出の種類（連邦政府による直接支出か地方・州政府による補助金か）の3点に注目して分析を行っている。分析の結果、Brooks（2000）と同様の結果を得ており、政府支出と寄付の間には政府支出の規模によって、代替・補完の両方の関係が成り立つとしている。さらにBrooks（2003）は、政府支出が「寄付をするかしないかの意思決定」と「寄付をどれだけするかの意思決定」に対して異なる影響を与えるという仮説を立て、実証分析を行っている。Brooks（2003）は前者の意思を測る代理変数として、寄付者の総数を用い、一方で、後者の意思を測る代理変数として平均寄付額を用いている。分析の結果、政府支出の増加によって、平均寄付額は減少し、寄付者の総数は増加することが導かれている。

Bremen（2005）は、NPOの活動分野ごとに寄付関数を推定し、政府支出による影響を分析している。スウェーデンのNPOに対するパネル・データを用いて、5つの分野（医療、社会サービス、国際援助、環境・文化、ロビー活動・アドボカシー[2]）について分析している。推定の結果、医療（−0.098）と社会

---

2) 政策提言を行うことにより政府の公共政策に影響を与え、より迅速に社会問題の解決することを目的に活動しているNPOのこと。

サービス（−0.022）と国際援助（−0.004）ではクラウディング・インが環境・文化（1.34）とロビー活動・アドボカシー（0.516）ではクラウディング・アウトが認められた。

最後に、Reece（1979）では、8つの分野（貧困層支援、貧困層への金融資産の提供、募金による寄付、宗教関係、教育関係、政治関係、控除対象寄付、その他）ごとに、クロスセクション・データによる政府支出の寄付に対する影響を検証している。その結果、いずれに分野についても、政府支出の増加は寄付の増減に影響を与えないとしている。

先行研究からは、クラウディング・アウトの程度の違いは、政府支出がどのような種類のものであるか、あるいは寄付者がどのような意思を持って寄付を行っているかに左右されることがわかる。そして、準公共財・サービスの分野によって、クラウディング・インとクラウディング・アウトの両方が存在する可能性があるといえる。しかし、クラウディング・アウト／イン効果がどの程度働くかについての明確な見解は示されていない。そして、日本における寄付と政府支出の関係に関する議論および研究はほとんどなされていないのが現状である。

第3節　寄付と政府支出の経済理論から計量モデルへ

本節では、寄付に関する経済理論モデルを提示し、それを計量モデルへと展開する。次いで、2005年に行われたJGSS-2005から得られる寄付および個人属性などのデータに、「総務省統計局市町村別決算状況調」から得られるデータを組み合わせたデータ・セットを作成し、本節で導出する寄付の計量モデルを推定する。

いま代表的個人 i は下記の準線形効用関数に従うとする。

$$U(c_i, d_i) = c_i + u(d_i), \\ \partial u(d_i)/\partial d_i > 0, \ \partial u^2(d_i)/\partial d_i < 0, \ ^\forall d_i > 0, \ ^\forall u(0) = 0 \tag{4-12}$$

ここで、d_i は代表的個人 i が行う年間寄付額、c_i はその他の財への年間消費

第3節 寄付と政府支出の経済理論から計量モデルへ

をあらわす。具体的には、式(4-12)で表された効用関数を持つ代表的個人 i は、下記の効用最大化問題を解く d_i と c_i を選ぶものとする。

$$\max_{c,d} c_i + a_i \ln(1 + d_i)$$
$$\text{s.t.}$$
$$c_i + p_i d_i \leq m_i, \tag{4-13}$$
$$d_i \geq 0, \ c_i > 0$$

ここで m_i は家計所得（外生変数）であり、p_i は寄付の価格（外生変数）である。また、その他の消費財の年間消費の価格は 1 に標準化してある。加えて、寄付の限界効用は $a_i \geq 0$ で与えられている。

この効用最大化問題における必要十分条件から、年間寄付に関する解が求まる。すなわち、

$$d_i = \begin{cases} 0 & \text{if } a_i \leq p_i \\ \dfrac{a_i}{p_i} - 1 & \text{if } a_i > p_i \end{cases} \tag{4-14}$$

である。特に寄付の理論モデルにおいて、式(4-14)で表される解が寄付に関する実証的視点から支持されるのは、多くの個人が寄付をしない（i.e. $d_i = 0$）という選択を取るからである。

次に寄付の経済理論モデルを計量モデルへと展開する。その後、利用可能なデータを用いて寄付の計量モデルを推定する。まず、JGSS-2005 における過去 1 年間に回答者が行った寄付額を問う設問に対する回答は、下記のような形で表すことができる。

$$d_i \begin{cases} 1 & \text{if } \quad d_i^* \leq h_1 \\ 2 & \text{if } \quad h_1 < d_i^* \leq h_2 \\ \vdots & \quad\quad\quad \vdots \\ J & \text{if } \quad d_i^* > h_J \end{cases} \tag{4-15}$$

ここで、d_i^* は、寄付額の観測されない値（潜在的な値）である。また、h_J は各コードにおける寄付額の域値を表している。式(4-15)で与えられるような

データは、区間コード化データ、グループデータ、あるいはカテゴリー化されたデータと呼ばれている。特に、JGSS-2005 における寄付額に関する設問では、$J=7$ となる。

他方、寄付の限界効用を

$$a_i = exp(\alpha' X_i + \beta' \Delta g_i + \varepsilon_i) \tag{4-16}$$

と仮定する。ここで、ε_i は観測不可能な誤差項を表し、$(X_i, \Delta g_i, m_i, p_i)$ と独立であると仮定する。加えて、ε_i/σ が期待値 $E[\varepsilon_i|X_i]=0$ かつ分散 $var(\varepsilon_i|X_i)=\sigma^2$ の対称分布関数 $F(\cdot)$ に従うとする。また、Δg_i は代表的個人 i が住む政府(地方)の準公共財・サービスの支出の2時点での差を表し、β はその係数を表す。一般的に代表的個人 i は、政府による準公共財・サービスへの支出額をコントロールすることができないから、Δg_i は外生変数として扱われている。また、X_i は観測可能な代表的個人 i の個人属性や政府支出以外の代表的個人 i が行う寄付額に影響を与える変数の行列であり、α はそれらの係数を表す行列である。先行研究によると、多様な個人属性が寄付行動に影響を与えることが実証されている。これまでの先行研究を概観すると、所得(Hughes and Luksetich 2008, James III and Sharpe, 2007)、年齢(Gittell and Tebaldi 2006)、性別(Hodgkinson and Weitzman 1986, Bulcroft et al. 1996)、婚姻状況(Andreoni et al. 2003, Mesch et al. 2006)、家族構成(Brooks 2002)、宗教(Gruber 2004, Dahl and Ransom 1999)、就業状況(Banks and Tanner 1999, Brooks 2002)、教育(Brown 1999)、民族や人種(Mesch et al. 2006, Kaplan and Hayes, 1993)、ボランティア経験の有無(Simmons and Emanuele 2004)などの個人や世帯の属性が寄付の有無や寄付額を決定する要因として明らかにされている。これらの先行研究では、個票によるクロスセクション・データあるいはパネル・データを用いて、様々な計量モデルによる定式化の試行錯誤が行われている。また、分析対象を特定の寄付先分野や地域に限定しているものもある。先行研究による分析結果を比較する限りでは、個人や世帯の属性に関する要素が寄付行動に与える影響は一様ではないことがわかる。

一般に寄付控除が認められている団体に寄付した場合、代表的個人 i は寄

付控除を申し出れば寄付の価格 p_i は 1 より小さくなる。しかし UFJ リサーチ＆コンサルティングによるアンケート調査を見てみると、寄付控除が認められるような非営利組織等が少ないことや、寄付に関する税制が広く国民に理解されていないことを反映して、寄付をした日本人のうち、およそ 4 ％しか寄付控除を申し出ていない。このことを鑑みると、$p_i = 1$ を仮定してもよさそうである。したがって、$\log p_i = 0$ を仮定する。

式(4-15)、式(4-16)および $\log p_i = 0$ の条件を鑑みるとき、$F[(\alpha' X_i + \beta' \Delta d_i)/\sigma]$ であり、d_i はインデックスモデルに従う。

$$d_i^* = \alpha' X_i + \beta' \Delta g_i + \varepsilon_i \text{ where } \varepsilon_i \sim N[0, \sigma^2] \qquad (4\text{-}17)$$

特に、式(4-17)はインターバル回帰モデルとして認識することができる。

寄付の理論モデルから JGSS-2005 の寄付に関する設問の特性を活かした計量モデルへの展開が完了したところで、式(4-17)の推定へと進むことにする。

第 4 節　データ・セット JGSS-2005

寄付の計量モデルを推定する際に使用するデータは JGSS-2005 である。JGSS-2005 が他の調査年の JGSS と異なるのは、寄付やボランティアなどのフィランソロピーに特化した設問が多く設けられていることである。特に寄付額に関するデータは被説明変数として用いられている。その分布を示すヒストグラムは表 4-1 で表される。

本来なら、JGSS-2005 は表 4-1 のように寄付額に関する 7 つのインデックスを与える（グラフ左）。しかしながら、本章では、グラフ左の 7 つのインデックスのうち、4、5、6、7 のインデックスを 4 に統合したデータを用いている。つまり、本章ではインデックス 4 の頻度は表 4-1（グラフ右）で示されているように 203（＝108＋66＋16＋3）となる。このとき、式(4-15)は以下の式(4-18)のように定式化される。

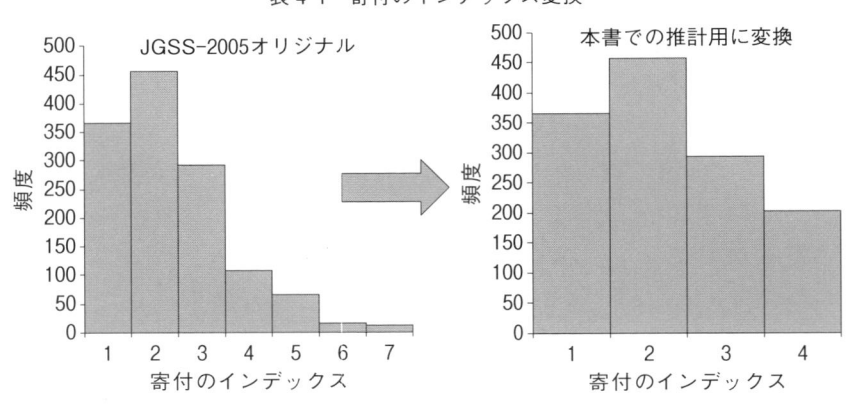

第4章 寄付と政府支出の定量分析

表4-1 寄付のインデックス変換

$$d_i = \begin{cases} 1 & \text{if} & d_i^* \leq 500 \\ 2 & \text{if} & 500 < d_i^* \leq 1000 \\ 3 & \text{if} & 1000 < d_i^* \leq 5000 \\ 4 & \text{if} & d_i^* > 5000 \end{cases} \quad (4\text{-}18)$$

インデックス5、6、7の頻度は小さいため、上述のようにインデックスを変換しても、致命的な情報の欠落を起こさないと推測する。さらに、インデックスが少ないほうがアルゴリズムは収束しやすいという利点もある。

さて、式(4-17)を推定する際に用いる変数は表4-2で与えられている。本章で特に着目すべき説明変数は、政府支出に関する変数（民生費：$MIN30$、衛生費：$EISEI30$、消防費：$SYOB30$、教育費：$KY30$、災害復旧費：$SAIG30$）である。これらの変数は2003年の政府支出額と2000年の政府支出額の差をとったものである。いま、政府の失敗理論に暗示されるように、政府によって供給される準公共財・サービスと非営利組織によって供給される準公共財・サービスの間には代替的な関係が存在すると仮定しよう。このとき、もし政府支出の増加に伴い寄付額が減るのであれば、政府支出による寄付額のクラウディング・アウト効果が観察されることになる。つまり、式(4-17)では$\beta<0$が観察される。これは、政府支出の増加を観察した個人が、政府による準公共

表 4-2　被説明変数と説明変数

被説明変数		
寄付額	$GIVE$:	$\begin{cases} & GIVE^* \leq 500 \\ 500 < & GIVE^* \leq 1000 \\ 1000 < & GIVE^* \leq 5000 \\ & GIVE^* > 5000 \end{cases}$ $GIVE^*$ は潜在変数を表す

説明変数		
社会属性	$SEXX$ AGE $SPOUSE$ $EDUC$	：男性 = 0、女性 = 1 ：年齢 ：配偶者がいるなら 1、いないなら 0 ：教育年数
世帯収入 ［税引き前の労働収入（含：残業代）と非労働収入（株式配当、年金、不動産収入など）］	$HOUSINC$	(1) 0 円　　　　　　　　　(12) 750 万円〜850 万円未満 (2) 70 万円未満　　　　　　(13) 850 万円〜1000 万円未満 (3) 70 万円〜100 万円未満　 (14) 1000 万円〜1200 万円未満 (4) 100 万円〜130 万円　　　(15) 1200 万円〜1400 万円未満 (5) 130 万円〜150 万円未満　(16) 1400 万円〜1600 万円未満 (6) 250 万円〜350 万円未満　(17) 1600 万円〜1850 万円未満 (7) 350 万円〜450 万円未満　(18) 1850 万円〜2300 万円未満 (8) 350 万円〜450 万円未満　(19) 2300 万以上 (9) 450 万円〜550 万円未満 (10) 550 万円〜650 万円未満
居住地域の公共サービスに関する特色	$NURSH$ $BABYS$ $EAPOP$	：老人ホーム数（ヵ所） ：保育所数（ヵ所） ：労働力人口（人）

以下の項目は、個人や家族の責任でしょうか、国や地方自治体の責任でしょうか。

高齢者の生活保障 高齢者の医療・介護 子供の教育 保育・育児	$SRWFY$ $SRMDY$ $CCED$ $CCRE$	個人や家族の責任　　　　　　　　　　　　　国や地方自治体の責任 ←――――――――――――――――――→ 　1　　　　2　　　　3　　　　4　　　　5
ボランティア経験の有無	$VOLUN$	＝1（過去 1 年間にボランティアをしたことがある）、 ＝0（ない）

「政府は裕福な家庭と貧しい家庭の収入の差を縮めるために、対策を取るべきだ」という意見に、あなたは賛成ですか、反対ですか。

	$GOVEQ$:	賛成　どちらかといえば賛成　どちらともいえない　どちらかといえば反対　反対 ←――――――――――――――――――→ 　1　　　　2　　　　3　　　　4　　　　5
政府支出 ［2003 年度と 2000 年度の階差］	$MIN30$ $EISEI30$ $SYOB30$ $KY30$ $SAIG30$	：民生費 ：衛生費 ：消防費 ：教育費 ：災害復旧費

財・サービスの供給量が増加するものと考え、同等の準公共財・サービスを供給する非営利組織への寄付を控えてもよいと考えるからである。

一方で、政府支出の増加が呼び水となり寄付額が増加するのであれば、政府支出による寄付額のクラウディング・イン効果が観察されることになる。政府支出による寄付額のクラウディング・イン効果を観察するとき、政府と非営利組織のどちらか一方では不足が生じるほど準公共財・サービスへの大きな需要が存在し、その需要を満足するために政府と非営利組織の両方が準公共財・サービスを供給するというものである。このとき、式(4-17)では$\beta>0$を観察することになる。

他方、政府支出と寄付額との間に統計的に優位な関係が存在しないとき、$\beta=0$が観察される。これは、個人が政府の支出額とは無関係に寄付額を増やしたり減らしたりすることを意味し、政府支出による寄付額のクラウディング・イン効果もクラウディング・アウト効果も観察できないことを意味する。

政府支出に関する変数のほかに、個人の寄付額の決定に影響を与える要因としては、労働力人口（$EAPOP$）がある。ここでは、個人が属する地域によるスケール効果を取り除く目的で説明変数の1つに加えてある。

他方、性別（SEX）、年齢（AGE）、配偶者の有無（$SPOUSE$）、そして教育年数（$EDUC$）もまた説明変数である。これらの変数は個人の社会的属性を表すものである。また式(4-14)より家計所得は個人の寄付額に影響を与えないことがわかる。このことを実証するために、あえて家計所得（$HOUSINC$）も説明変数の1つに加えられている。もし式(4-17)が支持されるのであれば、$HOUSINC$の係数は統計的に有意ではないはずである。また、個人の社会属性に加えて、個人が住む地域の属性として老人ホーム数、保育所数、労働力人口が説明変数として加えられている。

他方、高齢者の生活保障（$SRWFY$）や高齢者の医療・介護（$SRMDY$）、子供の教育（$CCED$）、保育・育児（$CCRE$）が政府によって供給されるべき準公共財・サービスなのか、個人によって供給されるべき準公共財・サービスなのかということに関する個人の認識も説明変数に加えられている。これらの準

公共財・サービスが政府によって供給されるべきものであるという認識を個人が持っているとすれば、いくら非営利組織が政府に代わりこれらのサービスを供給することができるとしても、その個人は寄付額を増やすことはしないであろう。国や地方自治体に収めた税金によってこれらの準公共財・サービスの供給は賄われるべきであると考えるからである。これらの準公共財・サービスの供給は、個人や家族の責任であると考えると、その需要を個人や家族で満たすことができない場合、政府に代わる供給者である非営利組織に、満たされない需要を満足することを求めることになる。そして非営利組織の活動を支えるために個人は非営利組織に対して寄付を行うことになる。

政府による所得格差の是正（GOVEQ）に対する認識についても同じようなことがいえる。所得格差を政府が是正することに対して賛成である場合、個人の所得格差是正は政府の仕事であるという認識から、所得格差是正に取り組んでいるような非営利組織への寄付を控えるであろう。一方、所得格差を政府が是正することに対して反対である個人は、そこに所得格差が存在するとき、その是正に取り組む非営利組織に対して寄付をすると考えるであろう。

他方、ボランティアと寄付とは密接な関係があると考えられている。例えば、Matsunaga（2007）では、JGSS-2005のデータを用いて、ボランティアを行う人は寄付も行う傾向にあるという帰結に至っている。本章でもボランティア経験の有無（VOLUN）を説明変数の1つとしている。Matsunaga（2007）の結果に従えば、VOLUNの係数は正である。

第5節　推定結果とその解釈

表4-3は被説明変数および説明変数の基礎統計値である。また表4-4は、式(4-17)の推定結果である。

推定結果より、性別（SEX）および配偶者の有無（SPOUSE）は説明力を持たないことがわかる。一方、年齢（AGE）および教育レベル（EDIC）[3]は説明

---

[3] JGSS-2005の中での学歴に関するカテゴリー・データは、教育年数に変換している。変換方法に関する詳細は、本書第3章第3節脚注4を参照のこと。

第 4 章　寄付と政府支出の定量分析

表 4-3　基礎統計値

変数名	平均	標準偏差	最小値	最大値
GIVE	2.25000	0.99675	1	4
SEXX	0.56466	0.49687	0	1
AGE	56.10340	14.69780	22	86
SPOUSE	0.80603	0.39626	0	1
EDUC	12.12930	2.37421	6	18
HOUSINC	8.24138	4.16982	0	18
NURSH	14.15090	11.11290	1	45
BABYS	34.25430	27.41870	3	124
EAPOP	98014.3	76181.2	5770	425223
SRWFY	3.49569	1.24837	1	5
SRMDY	3.89224	1.05335	1	5
CCED	2.62069	1.27007	1	5
CCRE	2.67672	1.26003	1	5
GVEQ	2.13793	1.01842	1	5
VOLUN	0.21983	0.41503	0	1
MIN30	4040000	5480000	−223077	26100000
EISEI30	−1070000	5320000	−26100000	8690000
SYOB30	−260767	799257	−2340000	2750000
KY30	−1270000	4210000	−17100000	16600000
SAIG30	−175896	601513	−2750000	489998

力を持っている。表 4-4 より年齢が 1 歳上がると寄付額が 52 円上昇する。また教育レベルが 1 年上がると 265 円寄付額が上がるという推定結果である。家計所得 (*HOUSINC*) については、係数は統計的に有意ではなかった。これは、m_i が含まれていない均衡式(4-14)を支持するものである。つまり家計所得は個人の寄付支出に対して説明力を持たないことは、第 4 章 3 節で示した理論モデルを支持することを意味する。

　個人の居住地域の準公共財・サービスに関する特色を表すものとして用いた説明変数のうち、保育所数 (*BABYS*) が負の係数で統計的に有意な結果となっている。保育所が 1 件増えると寄付額が 26 円減少する。保育所の増加を観察したとき、個人はその需要が満足されるという期待のもとで、保育所への寄付を減らすのかもしれない。また、介護施設数 (*NURSH*) は説明力を

第5節 推定結果とその解釈

表 4-4 推定結果

Constant	−4910.3632***	SRMDY	197.7072
	(1874.838290)		(191.158595)
SEX	−10.6167	CCED	−56.7489
	(341.641178)		(178.570566)
AGE	52.0891***	CCARE	69.3190
	(14.035993)		(181.878167)
SPOUSE	−530.3261	GVEQ	389.2571**
	(439.373124)		(171.678434)
EDUC	265.1300***	VOLUN	702.5432*
	(83.934151)		(401.176292)
HOUSINC	−17.7288	MIN30	0.0000937**
	(45.590859)		(0.000045)
NURSH	47.0174	EISEI30	0.0000940**
	(40.956738)		(0.000047)
BABYS	−26.4202**	SYOB30	0.0005759*
	(13.106426)		(0.000335)
EAPOP	−0.0004	KY30	−0.0000087
	(0.005100)		(0.000071)
SRWFY	−233.5002	SAIG30	0.0000665
	(163.183444)		(0.000464)
σ	2220.416***	N	232
	(151.381469)	Log-L	−387.1537

* は 10％有意水準, ** は 5％有意水準, *** は 1％有意水準をそれぞれ示す。
NLOGIT 4.0 による推定。

持たないという結果となった。介護施設は、準公共財・サービスの中でも特に私的サービスの性質が強いため、その施設数の増加は寄付額に影響を与えないということかもしれない。

　準公共財・サービスの供給に対する個人の意識に関する変数については、所得格差是正（GOVEQ）が唯一説明力を持つ。つまり、所得格差是正以外、準公共財・サービスの供給に関する個人の意識や考え方は寄付支出の増減には影響を与えない。これは、高齢者の介護や子供の育児・教育といった特定の準公共財・サービスに対する意識のみを用いており、一方、被説明変数で扱う寄付支出にはあらゆる分野や手段による寄付を含んでいるため、このような推定結果が導かれた可能性は否めない。他方、所得格差是正（GOVEQ）

については、例えば、政府による所得是正に関する個人の見解が「どちらかといえば反対」から「反対」に移行すると、寄付額がおよそ389円増えることになる。そもそも、税制の機能のうちの1つは所得の再分配にある。納税により政府による所得の再分配はすでに行われており、所得格差に対する政策は、税制による所得の再分配機能に加えて、追加的に政府が行うべき政策ではないという見解であれば、政府に代わり、所得格差という社会・経済問題に、取り組む非営利組織に対する寄付が増加するというメカニズムが働いているのかもしれない。

ボランティア経験の有無については、係数は正で統計的に有意な結果を得ている。ボランティアをしたことがある人は、したことがない人よりおよそ703円多く寄付することになる。これは、第3章での分析が示すように非営利組織などで行うボランティア活動を通じて、寄付をする機会が増えるためであると思われる。

なお、本章では地方政府による準公共財・サービスへの2003年度の支出ではなく、2003年度の支出から2000年度の支出を引いた階差 ($\varDelta g_i$) を説明変数としている。これは、個人が政府支出額に反応して寄付額を決める際、ある程度ラグを要するということと、単年度の政府支出額ではなく過去の政府支出額からいくら増えたかという、政府支出額の増加分に対して反応すると考えたからである。政府支出額の増加分はいわば、その準公共財・サービスに対する社会的ニーズが増大していることのシグナルとみなすことができる。他方、政府支出額の減少は、その準公共財・サービスに対する社会的ニーズが減少していることのシグナルであるとみなすことができる。

表4-4から明らかなように、寄付との関係において、特に注目した政府支出については、民生費（*MIN30*）、衛生費（*EISEI30*）、消防費（*SYOB30*）で係数が正で統計的に有意な結果となっている。一方、教育費（*KY30*）と復旧災害費（*SAIG30*）については、説明力を持たなかった。教育は準公共財・サービスのなかでも私的サービスよりであるため、説明力を持たなかったものと推察できる。また、災害復旧費については、災害そのものに日常性がなく、ホワイトノイズ的な要素が大きいため、災害復旧費の階差による寄付への影

響をとらえることが難しいのかもしれない。

　他方、政府が3年前の民生費に対して、1000円増額すれば、個人は寄付額を0.00937円増加させることになる。この民生費に対する政府の予算増加を、個人は民生という準公共財・サービスに対する社会的ニーズの高まりがあると認識することになる。このとき、政府からのみの供給では不足が生じることを見越して、人々は非営利セクターからの追加的供給を期待して、非営利セクターへの寄付額を増やすと考えられる。つまり、民生費による寄付額のクラウディング・イン効果が観察されることになる。同様に、政府が3年前の衛生費に対して、1000円増額すれば、個人は寄付額を0.0094円増加させることになる。一方、政府が3年前の消防費に対して、1000円増額すれば、個人は寄付額を0.05759円増加させることになる。つまり、民生費同様、衛生費と消防費についても、非営利セクターからの供給を期待して、人々は寄付額を増やすことになる。つまり、寄付のクラウディング・イン効果が観察されたことになる。このように、政府支出の種類によっては、政府支出の増加分が正であれば、個人はそれを政府による準公共財・サービスの供給不足のシグナルと受け止め、非営利セクターからの供給を期待して、寄付を増やすことになる。寄付が増えれば非営利セクターの規模は拡大し、政府の供給不足を補うという社会的役割を担う非営利セクターは活性化することになる。

第6節　まとめ

　本章では、政府支出が寄付を増加させるのか、あるいは減少させるのかということについて、経済理論モデルに基づき計量分析を行った。その結果、政府支出（民生費・衛生費・消防費）の寄付に対するクラウディング・イン効果が観察された。一方、教育費と災害復旧費については、クラウディング・イン効果もクラウディング・アウト効果も実証することができなかった。

　民生費・衛生費・消防費を政府が増加させたことは、これらの準公共財・サービスに対する社会的ニーズが高まっていることのシグナルと考えること

ができる。中位投票者に向けた供給を主眼とする政府からの供給だけでは、民生、衛生、消防という準公共財・サービスの供給に不足が生じることを見越して、個人は非営利セクターからの追加的供給を期待して、これらの分野で活動する非営利セクターに向けた寄付を増加させることになる。

このように、政府支出の種類によっては、政府支出の増加分が正であれば、個人はそれを政府による準公共財・サービスに対する社会的ニーズの高まりと受け止め、非営利セクターからの供給を期待して、寄付を増やすことになる。寄付が増えれば非営利セクターの規模は拡大し、非営利組織は政府の供給不足を補うという社会的役割を果たすことができる。

非営利セクターは、寄付とボランティアを生産要素として使用しているため、比較的低コストで準公共財・サービスを供給することができることを鑑みると、現行より魅力的な寄付税制度を整え、より多くの準公共財・サービスが非営利組織より供給されるようなシステムの構築が必要である。なぜなら、このシステムにより、政府は準公共財・サービスへの直接支出を減少させると同時に、コミュニティのニーズを満たした小規模で多様な準公共財・サービスの供給を、非営利セクターを介して成し遂げることができるからである。具体的には、一様で大規模な準公共財・サービスは政府が供給し、民生、衛生をはじめとする多様で小規模な準公共財・サービスは非営利セクターが供給するというように、準公共財・サービス供給主体間で住み分けを行うことにより「小さな政府」あるいは「選択と集中」を実現する準公共財・サービス供給の官民協働が成し遂げられると考える。

参考文献

Abrams, B. A. and Schimitz, M.D.（1978）The crowding-out effect of governmental transfers on private charitable contribution, *Public Choice*, 33, 29-39.

Andreoni, J., Brown, E., and Rischall, I.（2003）Charitable giving by married couples: Who decides and why does it matter?, *Journal of Human Resources*, 38(1), 111-133.

Andreoni, J.（1989）Giving with impure altruism: Applications to charity and Ricardian equivalence, *Journal of Political Economy*, 97(6), 1444-1458.

Becker, G. B.（1974）A theory of social interactions, *Journal of Political Economy*, 82,

1063-1093.

Bergstrom, T., Blume, L. and Varian, H. (1986) On the private provision of public goods, *Journal of Public Economics*, 29, 25-49.

Borgonovi, F. (2006) Do public grants to American theatres crowd-out private donations? *Public Choice*, 126, 429-451.

Bremen, A. (2005) Crowding out or crowding in? *Discussion Paper, Department of Economics*, Srockholm School of Economics.

Brooks, A. (2000) Public subsidies and charitable giving: Crowding out, crowding in, or both? *Journal of Public Analysis and Management*, 19(3), 451-464.

Brooks, A. (2002) Welfare receipt and private charity, *Public Budgeting and Finance*, 22(3), 101-114.

Brooks, A. (2003) Do government subsidies to nonprofit crowd out donations or donors, *Public Finance Review*, 31(2), 166-179.

Bulcroft, R. A., Carmody, D. C. and Bulcroft, K. A. (1996) Patterns of parental independence giving to adolescents: Variations by race, age, and gender of child, *Journal of Marriage and the Family*, 58(4), 866-883.

Dahl, G. B. and Ransom M. R. (1999) Does where you stand depend on where you sit? Tithing donations and self-serving beliefs, *American Economic Review*, 89(4), 703-727.

Gittell, R. and Tebaldi, E. (2006) Charitable giving: Factors influencing giving in U.S. states, *Nonprofit and Voluntary Sector Quarterly*, 35(4), 721-736.

Gruber, J. (2004) Pay or pray? The impact of charitable subsidies on religious attendance, *Journal of Public Economics*, 88(12), 2635-2655.

Hughes, P. and Luksetich, W. (2008) Income volatility and wealth: The effect on charitable giving, *Nonprofit and Voluntary Sector Quarterly*, 37(2), 264-280.

James III, R. N. and Sharpe, D. L. (2007) The nature and causes of the U-shaped charitable giving profile, *Nonprofit and Voluntary Sector Quarterly*, 36(2), 218-238.

Kingma, B. R. (1989) An accurate measurement of the crowd-out effect, income effect ,and price effect for charitable contributions, *Journal of Political Economy*, 97(5), 1197-1207.

Matsunaga, Y. (2007) To give, or not to give; to volunteer, or not to volunteer, that is the question: Evidence on Japanese philanthropic behavior revealed by the JGSS-2005 data set, 『日本版 General Social Surveys 研究論文集 [6] JGSS で見た日本人の意識と行動』, 69-81.

Mesch, D. J., Rooney, P. M., Steinberg, K. S. and Denton, B. (2006) The effects of race, gender, and marital status on giving and volunteering in Indiana, *Nonprofit and Voluntary Sector Quarterly*, 35(4), 565-587.

Payne, A. A. (1998) Does the government crowd-out private donations: New evidence from a sample of non-profit firms, *Journal of Public Economics*, 69, 323-345.

Reece, W. S. (1979) Charitable contributions: New evidence on household behavior, *American Economic Review*, 69, 142-151.

Roberts, R. (1984) A positive model of private charity and public transfers, *Journal of Political Economy*, 92(1), 136-148.

Rose-Ackerman, S. (1986) Do government grants to charity reduce private donations? In Susan Rose-Ackerman (ed.), *The Economics of Nonprofit Institutions*, Oxford University Press.

Schiff, J. (1985) Does government spending crowd-out charitable contributions? *National Tax Journal*, 38, 535-546.

Simmons, W. O. and Emanuele, R. (2004) Does government spending crowd out donations of time and money? *Public Finance Review*, 32(5), 498-511.

Warr, P. G. (1982) Pareto optimal redistribution and private charity, *Journal of Public Economics*, 19, 131-138.

第 5 章

介護保険市場の定量分析
― 非営利組織の経営効率性 ―

　厚生労働省（2010）によると、2009（平成21）年現在、わが国の高齢化率（65歳以上の高齢者人口が総人口に占める割合）は、22.7％である。介護を必要とする人を社会全体で支える仕組みとして2000（平成12）年に介護保険制度がスタートしたときの高齢化率は17.3％であったから、9年間で高齢化率は5ポイント近く上昇したことになる。今や5人に1人が高齢者であり、介護する側もされる側も高齢者という超高齢化社会が到来したといえる。

　介護保険制度の導入により生まれた介護保険市場は、非営利組織、営利組織、公的機関が、サービス利用者をめぐって競争する混合経済を形成することになった。要介護者が利用する介護サービスは、介護保険によりその価格が決まっているため、これら3タイプの組織の競争は介護サービスの価格によるものではなく、その質によるものである。このような特質は、通常の財市場とは大きく異なる介護保険市場独自のものである。非営利組織が供給する準公共財・サービスの多くがそれまで競争とは無縁であったが、介護保険市場に参入した非営利組織は顧客の獲得にむけて営利組織や公的機関と競争することになり、経営の効率化を迫られることになった。介護保険制度が導入される前から介護保険サービスを供給してきた公的機関についても顧客をめぐる競争にさらされ、非営利組織と同様の状況に直面している。政府の財政難により、公的機関にも効率性を強く意識した経営が求められるようになったからである。営利組織もこれまで主に価格で競争してきた市場とは異なり、介護サービスの質のみでの競争となり、新たな経営効率化の手法を開拓しなければならない状況に直面した。このように、介護サービスを供給す

るに際し、非営利組織、営利組織、公的機関のそれぞれの組織的特色は異なるもの、経営効率化に取り組まなければならないという共通課題を抱えることになった。

以上を鑑み、本章では介護保険サービスの中でも特に大きな需要を持つ訪問介護サービスの市場について、経営効率性に関する分析を試みることにする。

第1節　訪問介護サービス事業所の確率的フロンティア・モデル

ここで用いる分析モデルは確率的フロンティア・モデルである。確率的フロンティア・モデルは、Aigner, Lovell and Schmidt（1977）と Meeusen and van de Broeck（1977）によって開発された経営効率性に関する計量分析手法である。その誤差項は、生産技術の非効率性（観測不可能な確率変数）と通常の確率誤差とに分離されている。特に本章では、組織形態（営利組織、非営利組織、公的機関）とサービスの質との関係、経営効率性、生産技術と訪問介護サービス事業者規模とサービスの質との関係に着目する。

まず、訪問介護サービスの生産関数を下記のように表す（Coelli 1994, Coelli et al. 1998）。

$$y_i = F(X_i, \beta)^{v_i - u_i}, \; i = 1, 2, \cdots n \tag{5-1}$$

ここで、i は訪問介護事業所を表す。そして X_i は訪問介護サービスの生産投入財やその他の生産要素によって構成される説明変数、β は説明変数の係数である。v_i は通常の確率誤差であり、平均 0、分散 σ_v^2 の正規分布に従う。一方、u_i は生産非効率性を表す非負の確率変数であり、平均 $\mu_i(>0)$、分散 σ_μ^2 の切断正規分布に従う。ここで、

$$\mu_i = Z_i \delta + w_i \tag{5-2}$$

であり、w_i は平均 0、分散 σ_w^2 の切断正規分布に従う確率変数である。訪問

介護サービスの特色を鑑み、特に式(5-1)と式(5-2)を下記のように書き直し推定を行う。

［生産関数］

$$\ln y_i = \beta_0 + \beta_1 D_{1i} + \beta_2 D_{2i} + \beta_3 D_{3i} + \beta_4 \ln s_i \\ + \sum_{k=1}^{3} \alpha_k \ln x_{ki} + \sum_{k=1}^{3}\sum_{j=1}^{3} \alpha_k \ln x_{ki} \ln x_{ij} \\ + \beta_5 DR_{1i} + \beta_6 DR_{2i} + \beta_7 DR_{3i} + \beta_8 DJ_{1i} + \beta_9 DJ_{2i} + v_i - u_i \tag{5-3}$$

［生産非効率性関数］

$$\mu_i = \delta_0 + \delta_1 D_{3i} + \delta_2 \ln z_{1i} + \delta_3 \ln z_{2i} + \delta_4 (\ln z_{1i})^2 + \delta_5 (\ln z_{2i})^2 \\ + \delta_6 (\ln z_{1i} \times \ln z_{2i}) + \delta_7 DJ_{1i} + \delta_8 DJ_{2i} + w_i \tag{5-4}$$

ここで、$\ln$ は自然対数を表す。また、生産効率性は、

$$TE_i = e^{-u_i} \tag{5-5}$$

で表すことができる。

　表5-1には、このモデルの被説明変数および説明変数に関する詳細が記載されている。まず訪問介護サービス事業所の確率的フロンティア・モデルの生産関数についてであるが、その被説明変数（y_i）は、身体介護サービス、家事補助サービス、複合型サービスの総利用単位数で計測されている。これらの訪問介護サービスの生産投入財として、営業年数で測られた生産技術、常勤事務職員、常勤ヘルパー、および非常勤ヘルパーの数である。ここでは、常勤事務職員、常勤ヘルパーおよび非常勤ヘルパーをそれぞれ異質の労働力とみなしている。これには、それぞれに働き方の特質、勤務時間、資格の有無などにより労働者の人的資本に違いがあるからである。要介護者を訪問して介護サービスを提供するスタッフのほとんどが非常勤ヘルパーである一方、常勤ヘルパーはケアマネージャーであったり、非常勤ヘルパーの配置を決めるコーディネーターであったり、あるいは非常勤ヘルパーを教育するトレーナーであったりする。また例えば、8時間働く常勤スタッフと4時間働

第5章　介護保険市場の定量分析

表5-1　確率的フロンティア・モデルの変数一覧

y_i　：訪問介護サービスの介護報酬単位
s_i　：生産技術（営業年数を代理変数として使用）
D_{1i}：ダミー変数　1名以上の常勤事務職員がいれば1、そうでなければ0
D_{2i}：ダミー変数　1名以上の常勤ヘルパーがいれば1、そうでなければ1
D_{3i}：ダミー変数　1名以上の非常勤ヘルパーがいれば1、そうでなければ1
x_1　：Max［常勤事務局員、$1-D_1$］
x_2　：Max［常勤ヘルパー、$1-D_2$］
x_3　：Max［非常勤ヘルパー、$1-D_3$］
DJ_{1i}：事業所が公的機関であれば1、そうでなければ0
DJ_{2i}：事業所が営利企業なら1、そうでなければ0
DR_{1i}：事業所が特甲区に事務所をおいていれば1、そうでなければ0
DR_{2i}：事業所が甲区に事務所をおいていれば1、そうでなければ0
DR_{3i}：事業所が乙区に事務所をおいていれば1、そうでなければ0
z_{1i}　：事業所の規模（非常勤ヘルパーの数で計測）
z_{2i}　：訪問介護サービスの質（質の計測方法は表5-2参照）

く非常勤スタッフを同じ1人に数えることにも問題があるからである。一方、これらのスタッフはお互い協働関係にあることから、その効果を x_1、x_2、x_3 の交差項で把握している。また常勤事務職員、常勤ヘルパー、あるいは非常勤ヘルパーの数を0と回答した事業所があったことから（表4-3参照）、Battese（1997）に従い、例えばダミー変数 D_{1i} と $\ln x_{1i} = \ln Max$［常勤事務局員数，$1-D_{1i}$］の様に設定することにより、常勤事務職員の対数値を計算することを可能にした。加えて、生産関数は、例えば第1の活動目的が利潤の追求にある営利組織と、第1の活動目的がミッションの達成にある非営利組織では異なることから、式(5-3)には、組織形態の違いを把握するダミー変数（DJ_i）が組み込まれている。同様に、事業所の所在地の違いによる生産活動への影響を把握するダミー変数（DR_i）も組み込まれている[1]。

1）特別区＝東京23区。特甲地＝三鷹、武蔵野、調布市、府中市、小平市、日野市、東村山市、国分寺市、国立市、狛江市、八王子、町田市、横浜市、横須賀市、川崎市、名古屋市、京都市、大阪市、堺市、豊中市、吹田市、枚方市、神戸市、芦屋市、尼崎市など。甲地＝さいたま市、千葉市、逗子市、貝塚市、泉佐野市、富田林市、福岡市など。乙地＝札幌市、仙台市、所沢市、川口市、狭山市、草加市、青梅市、福

次に訪問介護サービスの確率的フロンティア・モデルにおける生産非効率性関数についてであるが、ここでは、生産効率性と事業規模との関係性、そして生産効率性とサービスの質との関係性に焦点を当てる。訪問介護サービスにおいては、介護保険制度により、サービス料金が設定されているため、価格による競争ではなくサービスの質による競争が事業者間で繰り広げられている。したがって、介護保険制度を反映した確率的フロンティア・モデルを分析するためには、当然、訪問介護サービスの質を計測する必要がある。本推定モデルでは、生産の非効率性は、事業所の規模、サービスの質、事業所規模の二乗、サービスの質の二乗、サービスの質と事業所の規模の交差項、および事業所の組織形態によって説明されると仮定している。Nyman and Bricker（1989）と Fizel and Nunnikhoven（1992）によると、営利組織の方が非営利組織より効率性は高い。

事業所の規模は、非常勤ヘルパーの数により計測する（つまり、$x_{3i}=z_{1i}^*$ を仮定している）。営利組織だけを分析対象とするのであれば、労働者数ではなく、付加価値、収入、支出等で事業規模を測るのが望ましいが、ここでは利潤追求を第1の活動目的としていない非営利組織や公的機関もサンプルに含まれている。Coelli and Battese（1996）、Ngwenya et al.（1997）、Battese and Broca（1997）では、農産物の生産可能フロンティアを推定する際に農家の規模を把握するために農作物の生産投入財を用いている。またサンプル・データにおいて、スタッフのおよそ77%が非常勤ヘルパーであったことも、非常勤ヘルパーの数が事業規模の代理変数とすることの一因となる。はたして訪問介護サービスにおいても規模の効果から、規模が大きな事業所はより生産効率性が高いといえるのであろうか。

生産非効率性モデルを推定する目的は、何が生産を効率化（非効率化）するのかということを検証することにある。特にサービスの質と生産効率性と

生市、東大和市、清瀬市、東久留米市、武蔵村山市、羽村市、あきる野市、藤沢市、小田原市、茅ヶ崎市、相模原市、三浦市、厚木市、静岡市、宇治市、姫路市、奈良市、和歌山市、岡山市、広島市、北九州市、長崎市など。

の関係についてはそれほど多くの先行研究がなく、また先行研究結果もまちまちであり決着を見ていない。質を考慮しない場合、当然少ない生産投入財で多くの最終生産財を生むほうが生産効率性は高い。しかしながら、はたしてより高い質を持つサービスを生産しようとすると、それだけ生産に手間がかかるという理由から、生産効率性が悪化するというシナリオは成立するのであろうか。

Battese and Broca（1997）によると、式(5-3)および式(5-4)において、インプット（x_{ki}）が1％変化するとアウトプットの期待値$E(y_i)$がどの程度変化するかを検証するには、

$$\frac{\partial \ln E(y_i)}{\partial \ln x_{ki}} = \left(\beta_k + 2\beta_{kk} + \sum_{j \neq k}^{3} \beta_{kj} \ln x_{ji}\right) - \Psi_i\left(\frac{\partial \mu_i}{\partial \ln x_k}\right), \quad (5\text{-}6)$$
$$k = 1, 2, 3$$

ただし、
$$\Psi_i = 1 - \frac{1}{\sigma}\left[\frac{\varphi\left(\frac{\mu_i}{\sigma} - \sigma\right) - \varphi\left(\frac{\mu_i}{\sigma}\right)}{\Phi\left(\frac{\mu_i}{\sigma} - \sigma\right) - \Phi\left(\frac{\mu_i}{\sigma}\right)}\right] \quad (5\text{-}7)$$

を検証すればよい。ここで、φとΦはそれぞれ標準正規分布の確率密度関数と累積分布関数である。式(5-6)と式(5-7)の詳しい導出については、章末の第5章付録を参照されたい。式(5-6)と式(5-7)より、事業規模が1％変化したとき、生産効率性はどれだけ変化するかを知るには、

$$-\Psi_i\left(\frac{\partial \mu_i}{\partial \ln z_{1i}}\right) = -\Psi_i(\delta_2 + 2\delta_4 \ln z_{1i} + \delta_6 \ln z_{2i}) \quad (5\text{-}8)$$

を算出すればよい。一方、訪問介護サービスの質が1％変化したとき生産効率性はどれだけ変化するかを知るには、

$$-\Psi_i\left(\frac{\partial \mu_i}{\partial \ln z_{2i}}\right) = -\Psi_i(\delta_3 + 2\delta_5 \ln z_{2i} + \delta_6 \ln z_{1i}) \quad (5\text{-}9)$$

を算出すればよい。

第2節　訪問介護サービスのデータ・セット

　訪問介護サービスの生産関数と生産効率性関数を推定するために用いるデータは、大阪大学介護保険研究会が2002年9月に実施した「訪問介護サービスの現状に関するアンケート調査」である。したがってここでの分析は2002年当時の介護保険制度を反映したものである。この調査では、WAM NET（Welfare And Medical Service Network System）に登録されている全国の訪問介護事業所1,5000件から7,965件をランダム・サンプリングし、それらにアンケート調査票を郵送して1,300件から回答を得ている。アンケート調査票は大阪大学介護保険研究会（2004）に掲載されている。

　それらのうち式(5-3)と式(5-4)を推定するために欠損値なく用いることができたサンプルは360である。

　一方、訪問介護サービスの質を測るためのアンケート調査項目は、内閣府（2002）を参考に40項目が作成されている。ここではそれらに加え、スタッフの資格も訪問介護サービスの質を測る構成指標とした。すなわち、表5-2に示されている設問に、「はい」と答えれば1ポイント、「いいえ」と答えれば0ポイントを配し、「はい」と回答した項目の合計を訪問介護サービスの質の指標としている。訪問介護サービスの質の指標では、理論上獲得可能な点数は45ポイントであるが、表5-2に示されている通り、最高点は42ポイント、最低点は3ポイントであった。

第3節　推定結果とその解釈

　式(5-3)と式(5-4)で示されているようなモデルの定式化に至るには、表

表5-2 訪問介護サービスの質指標

項目	指標
①サービス管理体制 （4ポイント）	1. サービスに関するマニュアルを作成している 2. ケアカンファレンスや介護方針を話し合う会合等を実施している 3. サービス提供後の報告や引継メモを作成している 4. サービスの提供内容・相談情報提供内容を記録管理している
②研修制度 （4ポイント）	1. 採用時に職場内研修を実施している 2. 都道府県や団体が行う外部研修に職員を派遣している 3. 定期的な職員研修を実施している 4. 職場内訓練（OJT）を実施している
③衛生・感染症予防対策 （4ポイント）	1. 感染症予防に対して従業員に教育を行っている 2. 従業員の服装規定を設けている 3. 利用者に対し保健師や看護師を定期的に派遣し健康チェックを行っている 4. 衛生管理や感染症対策責任者を設けている
④情報提供・苦情処理 （4ポイント）	1. 利用者等への利用相談窓口を設置している 2. 苦情処理責任者や窓口を設置している 3. サービス内容について、パンフレットやHPで公表している 4. 利用体験が可能である
⑤サービス提供体制 （4ポイント）	1. 利用者宅を必ず訪問して、訪問介護計画の策定を行っている 2. 定期的に利用者家族の相談を受けたり、意見を聞く機会を設けたりしている 3. 利用者に対する自立支援（安易なおむつ利用を避ける、起座時間を多くする、リハビリ等）を行っている 4. 訪問介護計画の策定に当たっては、必要に応じて保健師や看護師、医師などの専門職の協力を仰いでいる
⑥サービスの利便性 （4ポイント）	1. 早朝時間帯のサービス提供が可能である 2. 深夜時間帯のサービス提供が可能である 3. ケアプラン外の緊急時にも対応可能である 4. 休日や祝日のサービス提供を行っている
⑦事故時・緊急時の対応 （4ポイント）	1. 嘱託医や協力医療機関を確保している 2. 緊急時・事故時のマニュアルを作成している 3. 事故発生時の為に、損害賠償保険に加入している 4. 事故・緊急時の対応責任者・窓口を確保している
⑧事業計画の策定状況 （4ポイント）	1. 事業の理念や方針を文章として明確化している 2. 事業計画を策定して文章化している 3. 予算計画を策定して文章化している 4. 決算書の監査を外部者・外部機関が行っている
⑨職員管理 （4ポイント）	1. 就業規定が設けられている 2. 人事考課や勤務評定を行っている 3. ローテーションの管理を行っている 4. 資格取得のための支援制度がある
⑩プライバシー保護対策 （4ポイント）	1. 利用者の記録について管理責任者をおいている 2. 記録の保管場所を定め、セキュリティーを設置している 3. 職員に対して守秘義務を規定している 4. 研修時などで職員に人権教育を行っている
⑪従業員の資格・経歴 （5ポイント）	1. ホームヘルパー1級を持つスタッフがいる 2. ホームヘルパー2級を持つスタッフがいる 3. 社会福祉士・介護福祉士、PT・OT等の専門資格者がスタッフにいる 4. ホームヘルパー歴5年以上のスタッフがいる 5. 看護師資格を持つスタッフがいる

（計45ポイント）

第 3 節 推定結果とその解釈

表 5-3 基礎統計値

	平均	標準偏差	最小値	最大値
訪問介護報酬単位	4042098.928	12242813.72	179472	199362000
常勤事務職員	2.03	8.59	1	160
常勤ヘルパー	5.27	8.66	1	88
非常勤ヘルパー	18.86	42.02	1	401
生産技術	2232.10	3192.02	121	18657
サービスの質	26.04	6.78	3	42

5-4 に示されているような 7 つの検定を行っている。

ここで、H_0 は帰無仮説を表し、$l(H_0)$ は制約付き確率的フロンティア・モデルの対数尤度値である。同様に、H_1 は帰無仮説を表し、$l(H_1)$ は制約なし確率的フロンティア・モデルの対数尤度値である。また、$\lambda = -2[l(H_0) - l(H_1)]$ は尤度比検定量を表す。この統計量はカイ二乗分布(自由度は制約の数に等しい)に従う。いま $\gamma = \sigma_u^2/\sigma_s^2$、$\sigma_s^2 = \sigma_u^2 + \sigma_v^2$ と定義する。例えば、効率性効果がないという制約付きのモデルは、帰無仮説 $H_0 : \gamma = \delta_0 = \delta_1 = \cdots = \delta_8 = 0$ を置くことに等しい。この仮説のもと式(5-3)と式(5-4)を同時推定して得られる対数尤度値 $[l(H_0) = -367.137]$ と、この制約なしに推定して得られる制約なしモデルの対数尤度値 $[l(H_1) -350.982]$ から得られる対数尤度比検定値($\lambda = 32.309$)に対する棄却限界値は、Kodde and Palm (1986) の Table 1 から得ることができる。表 5-4 にあるように、対数尤度比検定の結果、帰無仮説は棄却されるので、確率的フロンティア・モデルは、ここでのサンプルにとって適切なモデルの定式化であるといえる。また、コブダグラス型生産関数形の仮説($H_0 : a_{kj} = 0$)は棄却された。そして、サービスの質の効果がないという仮説($H_0 : \delta_3 = \delta_5 = \delta_6 = 0$)も棄却された。一方、事業規模の効果がないという仮説($H_0 : \delta_1 = \delta_2 = \delta_4 = \delta_6 = 0$)を棄却することができなかったが、事業規模とサービスの質の両方の効果がないという仮説($H_0 : \delta_1 = \delta_2 = \cdots = \delta_6 = 0$)は棄却された。さらに、生産関数および非効率性関数の両方で、組織違いによる効果がないという仮説($H_0 : \beta_8 = \beta_9 = \delta_7 = \delta_8 = 0$)も生産関数において事業所所在地域の違いによる効果がないという仮説

表 5-4 モデルの定式化に関する検定結果

帰無仮説, H_0		対数尤度比検定値
効率性効果なし[#]	$l(H_0)$	-367.137
制約の数 = 11	$l(H_1)$	-350.982
	λ	32.309^{***}
コブ・ダグラス型生産関数	$l(H_0)$	-358.379
制約の数 = 6	$l(H_1)$	-350.982
	λ	14.793^{***}
サービスの質の効果なし	$l(H_0)$	-368.068
制約の数 = 3	$l(H_1)$	-350.982
	λ	34.171^{***}
事業所規模とサービスの質の効果なし	$l(H_0)$	-360.698
制約の数 = 6	$l(H_1)$	-350.982
	λ	19.431^{***}
事業所の規模効果なし	$l(H_0)$	-353.781
制約の数 = 4	$l(H_1)$	-350.982
	λ	5.597
組織の違いによる効果なし	$l(H_0)$	-355.017
制約の数 = 4	$l(H_1)$	-350.982
	λ	8.069^*
事業所所在地の違いによる効果なし	$l(H_0)$	-355.166
制約の数 = 3	$l(H_1)$	-350.982
	λ	8.368^{**}

[#]：Kodde and Palm（1986）によると、5%有意水準での棄却限界値と1%有意水準での棄却限界値は、それぞれ 19.045 と 24.049 である。

** と *** はそれぞれ 5%有意水準と 1%有意水準を表す。

$(H_0: \beta_5 = \beta_6 = \beta_7 = 0)$ も棄却された。

このようなモデルの定式化にかかわる対数尤度比検定を経て、式(5-3)と式(5-4)がここでのサンプルにとって適切なモデルの定式化であるという帰結に至った。このような手順を経て、式(5-3)と式(5-4)を同時推定した結果

は、表 5-5 に示されている。ここで推定に用いた計量ソフトは FRONTIER 4.1 である。

推定結果より、訪問介護サービスの経営効率性について下記のような 3 つの特色があることが見て取れる。

まず、常勤事務局員の数、常勤ヘルパーの数、非常勤ヘルパーの数が変化すると、どれだけ訪問介護報酬単位の期待値が変化するかということは、式(5-6)と式(5-7)より把握することができる。常勤事務職員の数が 1％増加すると、訪問介護報酬単位の期待値は 18.1％減る。また常勤ヘルパーの数が 1％増加すると、訪問介護報酬単価の期待値は 14.09％増加する。さらに、非常勤ヘルパーの数が 1％増加すると、訪問介護報酬単価の期待値は 45％増える。常勤ヘルパーや非常勤ヘルパーと異なり、事務処理を行う常勤事務職員の仕事そのものは、直接的には訪問介護報酬単価に反映されにくいものであることの表れかもしれない。

次に、組織形態別の生産効率性の分布を見てみると、図 5-1 に示されているように、非営利組織の生産効率性の分布は分布の中心が左に寄っている (positively skewed)。これは多くの非営利組織が高い生産効率性を保持しているということである。これに対し、公的機関の生産効率性の分布の中心は右に寄っている (negatively skewed)。これは多くの公的機関が低い生産効率性を保持していることになる。しかしながら、営利組織の生産効率性の分布は分布の中心がおよそ真ん中にある。そして、非営利組織、営利組織、公的機関それぞれの生産効率性の平均値は、それぞれ 0.8、0.65、0.43 である。

最後に、生産効率性と事業所規模とサービスの質の関係を見てみよう。そのためにまず、非生産効率性関数を事業所規模 ($\ln z_{1i}$) で微分すると、

$$\frac{\partial \mu_i}{\partial \ln z_{1i}} = \delta_2 + 2\delta_4 \ln z_{1i} + \delta_6 \ln z_{2i} \tag{5-10}$$

である。いま、$\partial \mu_i / \partial \ln z_{1i} = 0$ とすると、式(5-10)は

表 5-5 確率的フロンティア・モデルの推定結果

生産関数		係数 (標準誤差)	非効率性関数		係数 (標準誤差)
Constant		13.828*** (0.406)	Constant		$-1.961*$ (1.073)
Worker Dummy 1	D_{1i}	0.028 (0.095)	Worker Dummy 3	D_{3i}	-0.3298 (0.473)
Worker Dummy 2	D_{2i}	$-0.454***$ (0.173)	Size	$\ln z_{1i}(=\ln x_{3i})$	1.2853*** (0.346)
Worker Dummy 3	D_{3i}	$-0.704**$ (0.289)	Quality	$\ln z_{2i}$	1.716** (0.761)
Technology	$\ln x_{si}$	(0.055) (0.045)	Size^2	$\ln z_{1i}^2$	$-0.168***$ (0.060)
Desk Workers	$\ln x_{1i}$	-0.0998 (0.207)	Quality^2	$\ln z_{2i}^2$	$-0.347**$ (0.141)
Full-time Helpers	$\ln x_{2i}$	0.237* (0.134)	Size × Quality	$\ln z_{1i} \times \ln z_{2i}$	$-0.188**$ (0.092)
Part-time Helpers	$\ln x_{3i}$	0.616*** (0.149)	Organizational Dummy 1	DJ_{1i}	1.038*** (0.341)
Desk Workers^2	$\ln x_{1i}^2$	0.060 (0.048)	Organizational Dummy 2	DJ_{2i}	0.296 (0.324)
Full-time Helpers^2	$\ln x_{2i}^2$	0.045 (0.043)			
Part-time Helpers^2	$\ln x_{3i}^2$	$-0.062*$ (0.032)			
			分散など		値 (標準誤差)
Desk Workers × Full-time Helpers	$\ln x_{1i} \times \ln x_{2i}$	$-0.163**$ (0.072)	$\sigma_s^2 = \sigma^2 + \sigma_v^2$		0.438*** (0.041)
Desk Workers × Part-time Helpers :	$\ln x_{1i} \times \ln x_{3i}$	0.040 (0.043)	$\gamma = \sigma^2/(\sigma^2 + \sigma_v^2)$		0.192** (0.092)
Full-time Helpers × Part-time Helpers	$\ln x_{2i} \times \ln x_{3i}$	0.085*** (0.028)			
Regional Dummy 1	DR_{1i}	0.252** (0.108)	対数尤度値		-350.98
Regional Dummy 2	DR_{2i}	0.495 (0.326)	サンプルサイズ		360
Regional Dummy 3	DR_{3i}	-0.054 (0.128)	効率性期待値		0.654
Organizational Dummy 1	DJ_{1i}	0.968*** (0.243)			
Organizational Dummy 2	DJ_{2i}	0.344 (0.216)			

* は 10% 有意水準，** は 5% 有意水準，*** は 1% 有意水準をそれぞれ示す。
FRONTIER 4.1 による推定。

第 3 節　推定結果とその解釈

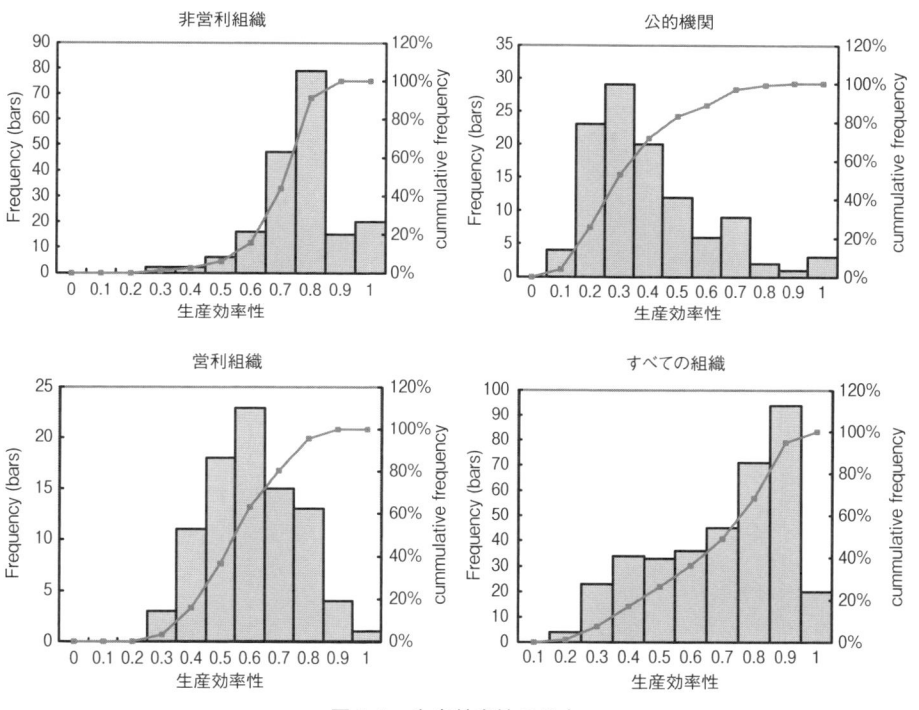

図 5-1　生産効率性の分布

$$ln\, z_{1i} = -\left(\frac{\delta_2 + \delta_6\, ln\, z_{2i}}{2\delta_4}\right) \qquad (5\text{-}11)$$

となる。式(5-11)は図 5-2 の線 A（Line A）で表されている。つまり、事業所規模の生産効率性に対する限界効果がゼロのときの事業所規模とサービスの質の組み合わせを表している。この線 A 上にある組織は、事業所規模が生産効率性に何の影響も及ぼさない事業所である。推定結果より、$\partial(\partial\mu_i/\partial\, ln\, z_{1i})/\partial\, ln\, z_{2i}=\delta_6<0$ であるから、線 A の上方にある組織は、事業所規模が大きくなると生産効率性は改善するような組織であり、その下方にある組織は、事業所規模が大きくなると生産効率性が悪化するような組織である。図 5-2 からわかるように多くの組織は事業所の規模が拡大すれば、生産

第 5 章　介護保険市場の定量分析

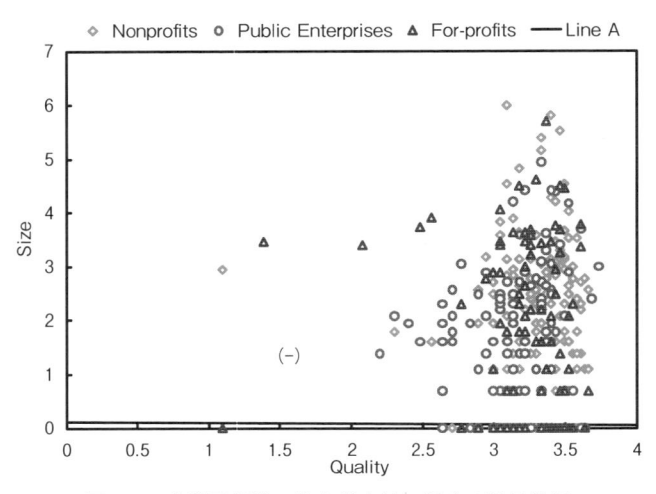

図 5-2　事業所規模の生産効率性に対する限界効果

効率性は向上する。

次に同じ要領で、サービスの質の生産効率性に対する限界効果がゼロであるときの事業所規模とサービスの質の組み合わせを表す線 B（Line B）は、

$$ln\, z_{1i} = -\left(\frac{\delta_3 + 2\delta_5 \ln z_{2i}}{\delta_6}\right) \qquad (5\text{-}12)$$

となる。線 B はサービスの質の変化が生産効率性に何の影響も与えない組織の事業所規模とサービスの質の組み合わせを表している。また、推定結果より $\partial(\partial \mu_i / \partial \ln z_{2i}) / \partial \ln z_{1i} = 2\delta_2 < 0$ であるから、線 B の上方にある組織の集まりは、サービスの質が良くなると生産効率性は改善するような組織であり、その下方にある組織の集まりはサービスの質が良くなると生産効率性が悪化するような組織である。図 5-3 から明らかなように、多くの企業がサービスの質が改善すると生産効率性は向上する。

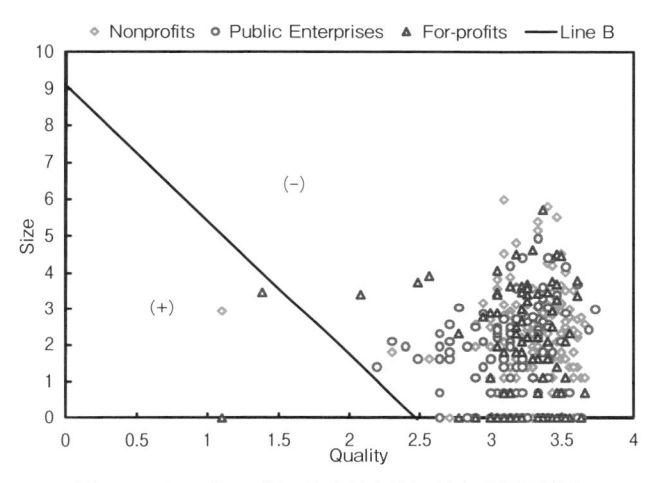

図5-3 サービスの質の生産効率性に対する限界効果

第4節　まとめ

　訪問介護サービスは、営利組織、非営利組織、公的機関が利用者をめぐり競争する日本では珍しい混合経済を形成している。介護保険制度により、訪問介護サービスの価格は定まっているから、営利組織、非営利組織、公的機関はサービスの価格ではなくサービスの質により競争することになる。したがって本章の分析は専ら訪問介護サービスの質に着目している。

　本章では、確率的フロンティア・モデルをベースに、訪問介護事業所の規模とサービスの質がどのように生産効率性に影響を与えるということに視点をおいた分析を行っている。訪問介護サービスの確率的フロンティア・モデルの推定より、事業所規模が拡大すれば、生産効率性も向上するという結果を得ることができた。これは営利企業あるいは農業を対象に分析が行われた先行研究の結果と一致する。一方、訪問介護サービスの質が上昇すると生産効率性も上昇すると結果を得ることができた。自動車や電気製品などを考えると、ともするとサービスの質を高めることはそれだけ労力や時間などの手

間がかかることなので、生産効率性の低下につながると考えがちである。しかしながらサービスの質を測る項目の中には、例えばサービスマニュアルを作っているだとか、OJT を実施しているなどの訪問介護サービスを効率的に生産・供給することに寄与する事項がいくつか含まれている。このことから、訪問介護サービスの質の向上が生産効率性を上昇させるという結果は納得のゆくものかもしれない。

付録：式(5-6)および式(5-7)の導出

式(5-1)は、下記のように書き直すことができる。

$$ln\, y_i = X_i \beta + v_i - u_i,\ i = 1, 2, \cdots n$$

ここで、v_i は i.i.d $N(0,\ \sigma_v^2)$ に従う。また u_i は 0 で切断された $N(\mu_i,\ \sigma_u^2)$ に従い、v_i と u_i は独立である。さらに、μ_i は、$\mu_i = Z_i \delta + w_i$ のように定義される。ここで、Z_i は変数 X_i のうちのいくつかを含んでいるものとする。この v_i と u_i に関する仮説のもとでは、下記の①～③が成立する。

① u_i の密度関数は、

$$f_u(m) = \frac{1}{\sqrt{2\pi}\sigma} \frac{\exp\left[-\frac{1}{2}\left(\frac{m-\mu}{\sigma}\right)^2\right]}{\Phi\left(\frac{\mu}{\sigma}\right)},\ m \geq 0,$$

ここで、$\Phi(\theta) = \int_{-\infty}^{\theta} \frac{1}{\sqrt{2\pi}} \exp\left(-\frac{1}{2}\omega^2\right) d\omega$

② もし、$S \sim N(\mu,\ \sigma^2)$ なら、$P(S>0) = 1 - \Phi\left(\frac{-\mu}{\sigma}\right) = \Phi\left(\frac{\mu}{\sigma}\right)$

③ $v_i \sim N(0,\ \sigma_v^2)$ なら、$E(e^v) = \exp\left(\frac{1}{2}\sigma_v^2\right)$ は対数正規分布の期待値である。

以上のことから、

$$E(y_i) = \exp(x\beta) \exp\left(\frac{1}{2}\sigma_v^2\right) E[\exp(-u_i)]$$

である。いま、

$$E[\exp(-m)] = \int_0^{\infty} \frac{1}{\sqrt{2\pi}} \exp\left[-\frac{1}{2}\left(\frac{m-\mu}{\sigma}\right)^2\right] \frac{\exp(-m)}{\Phi\left(\frac{\mu}{\sigma}\right)} dm$$

のうち、$\kappa = -m - \frac{1}{2}\left(\frac{m-\mu}{\sigma}\right)^2$ とする。このとき、

第 5 章　介護保険市場の定量分析

$$\kappa = -\frac{1}{2\sigma^2}\left[m^2 - 2m(\mu - \sigma^2) + \mu^2\right]$$

$$= -\frac{1}{2\sigma^2}\{[m - (\mu - \sigma^2)]^2 + \mu^2 - (\mu - \sigma^2)^2\}$$

$$= -\frac{1}{2}\left[\frac{m - (\mu - \sigma^2)}{\sigma}\right]^2 - \mu + \frac{1}{2}\sigma^2$$

と書き直すことができる。したがって、

$$E[\exp(-m)] = \int_0^\infty \exp\left(-\mu + \frac{1}{2}\sigma^2\right)\frac{1}{\sqrt{2\pi}\sigma}\frac{1}{\Phi\left(\frac{\mu}{\sigma}\right)}$$

$$\exp\left(-\frac{1}{2}\left[\frac{m - (\mu - \sigma^2)}{\sigma}\right]^2\right)dm$$

いま、

$$\zeta = \frac{m - (\mu - \sigma^2)}{\sigma}$$

とおくと、

$$E[\exp(-m)] = \frac{\exp\left(-\mu + \frac{1}{2}\sigma^2\right)}{\Phi\left(\frac{\mu}{\sigma}\right)}\int_{-\frac{(\mu-\sigma^2)}{\sigma}}^\infty \frac{1}{\sqrt{2\pi}}\exp\left(-\frac{1}{2}\zeta^2\right)d\zeta$$

$$= \frac{\exp\left(-\mu + \frac{1}{2}\sigma^2\right)\left[1 - \Phi\left(-\frac{\mu}{\sigma} + \sigma\right)\right]}{\Phi\left(\frac{\mu}{\sigma}\right)}$$

$$= \exp\left(-\mu + \frac{1}{2}\sigma^2\right)\left[\frac{\Phi\left(\frac{\mu}{\sigma} - \sigma\right)}{\Phi\left(\frac{\mu}{\sigma}\right)}\right]$$

したがって、

$$ln\,E(y) = x\beta + \frac{1}{2}\sigma_\nu^2 - \mu + \frac{1}{2}\sigma^2 + ln\,\Phi\left(\frac{\mu}{\sigma} - \sigma\right) - ln\,\Phi\left(\frac{\mu}{\sigma}\right)$$

となる。これを x_k で偏微分すると、

$$\frac{\partial \ln E(y)}{\partial x_k} = \frac{\partial x\beta}{\partial x_k} + \frac{\partial \mu}{\partial x_k}\left\{-1 + \frac{1}{\sigma}\left[\frac{\varphi\left(\frac{\mu}{\sigma} - \sigma\right)}{\Phi\left(\frac{\mu}{\sigma} - \sigma\right)} - \frac{\varphi\left(\frac{\mu}{\sigma}\right)}{\Phi\left(\frac{\mu}{\sigma}\right)}\right]\right\},$$

(5-1f)

ただし、$\frac{\partial \Phi(\theta)}{\partial \theta} = \varphi(\theta)$ である。

最後に、x_k を $\ln x_k$ で置き換えれば式(5-6)と式(5-7)を得る。

参考文献

Aigner, D., Lovell, C. A. K. and Schmidt, P.（1977）Formulation and estimation of stochastic frontier production function models, *Journal of Econometrics*, 6, 21-37.

Battese, G. E.（1997）A note on the estimation of Cobb-Douglas production functions when some explanatory variables have zero values, *Journal of Agricultural Economics*, 48, 250-252.

Battese, G. E. and Broca, S. S.（1997）Functional forms of stochastic frontier production functions and models for technical inefficiency effects: A comparative study for wheat farmers in Pakistan, *Journal of Productivity Analysis*, 8, 395-414.

Coelli, T. J. and Battese, G. E.（1996）Identification of factors which influence the technical inefficiency of Indian farmers, *Australian Journal of Agricultural Economics*, 40, 103-128.

Coelli, T. J.（1994）*A Guide to FRONTIER Version 4.1: A Computer Program for Stochastic Frontier Production and Cost Function Estimation*, Department of Econometrics, University of New England, Armidale.

Coelli, T. J., Parasada Rao, D. S. and Battese, G. E.（1998）*An Introduction to Efficiency and Productivity Analysis*, Kluwer Academic Publishers.

Fizel, J.L. and Nunnikhoven, T.S.（1992）Technical efficiency of for-profit and non-profit nursing homes, *Managerial and Decision Economics*, 13(5), 429-439.

Kodde, D. A. and Palm, F. C.（1986）Wald criteria for jointly testing equality and inequality restrictions, *Econometrica* 54, 1243-1248.

Meeusen, W. and van den Broeck, J.（1977）Efficiency estimation from Cobb-Douglas production function with composed error, *International Economic Review*, 18, 435-444.

Ngwenya, S. A., Battese, G. E. and Fleming, E. M.（1997）The relationships between farm size and the technical inefficiency of production of wheat farmers in Eastern Free State, providence of South Africa, *Agrekon*, 36, 283-301.

Nyman, J. A. and Bricker, D. L.（1989）Profit incentives and technical efficiency in the

production of nursing home care, *Review of Economics and Statistics*, 71 (4), 586-594.
Shimizutani, S. and Suzuki, W. (2002) The quality and efficiency of at-home long-term care in Japan: Evidence from micro-level data, *ESRI Discussion Paper Series*, 18, Economic and Social Research Institute, Cabinet Office, Tokyo, Japan.
WAM-NET (2002) (http://www.wam.go.jp/) 2002年9月1日アクセス.
厚生労働省 (2003) (http://www.mhlw.go.jp/index.shtml) 2003年2月14日アクセス.
内閣府 (2002)「介護サービス市場の一層の効率化のために」『介護サービス価格に関する研究会報告書』.

第 6 章

社会的企業の定量分析

　非営利組織（NPO）の使命は政府同様、社会・経済問題の解決に向けた準公共財・サービスの供給である。NPO が持つこの社会的役割はメディア、政策立案者、研究者に留まらず、国民全体へと広がり、特定非営利活動促進法（通称 NPO 法）の成立をみた。NPO 法が施行からおよそ 14 年が経つが、2011 年 10 月現在の NPO 法人の認証数は約 43,000 団体に達し、年々増加の一途をたどっている（内閣府 website）。

　他方、この 14 年の間にワーキングプアやネットカフェ難民、限界集落などの新語に代表されるように、社会・経済問題は多様化してきた。このため政府（中央・地方）は、単独ではこれらの社会・経済問題の解決を試みることが難しい状況に直面している。そこで、一様で大規模な準公共財・サービスは政府が供給し、多様で小規模な準公共財・サービスは NPO が供給するという、準公共財・サービス供給主体間での住み分けが成り立っている。これは「小さな政府」あるいは「選択と集中」を実現する準公共財・サービス供給システムである。政府にとって NPO は、準公共財・サービスへの財政支出を減少させる一方で、コミュニティのニーズを満足した小規模で多様な準公共財・サービスの供給を実現することができる存在である。一方、NPO にとって政府は、組織を運営しミッション（使命）を達成するために必要な公的補助（補助金）[1]の供給源である。

---

1) 政府（中央・地方）からの活動支援金を公的補助金（補助金）と呼び、財団など民間からの活動支援金である民間助成金（助成金）と区別する。

第6章　社会的企業の定量分析

　ところが、政府からの公的補助は、期間が終わると途絶えるアドホックな収入である。NPO は新たな公的補助を申請することになるが、再び公的補助が獲得できる保証はない。他の収入源としては寄付金があるが、その支出をすべて賄えるほど多くの寄付金を期待することはできない。日本の NPO の多くが、政府からの公的補助を獲得できていないときは、組織の存続さえ危うくなるという状況に直面しているため、資金調達能力の向上が常に NPO 経営の第一の課題としてあげられている。加えて政府は、低い経済成長率と税収の落ち込みがもたらす財政難から、政府支出の削減を余儀なくされているということを鑑みると、その収入の多くを政府からの公的補助に依存していては、組織の持続可能性を担保することは困難を極めるといえる。事業収入に依存した収入構造へ移行する NPO が多く出現してきているが、これは NPO が資金調達能力の向上を図った結果であると考えることができる。

　一方で、今やコミュニティのニーズを満足した小規模で多様な準公共財・サービスを供給する主体は NPO だけではない。介護保険法の施行を皮切りに、営利組織の一部もまた準公共財・サービスの供給主体としての役割を果たし始めている。事業収入に依存した収入構造を持つ非営利組織と準公共財・サービスを供給する営利組織は、「社会的企業あるいは、ソーシャル・エンタープライズ（Social Enterprise）」と呼ばれ、組織の持続可能性を担保した準公共財・サービスの供給主体として期待されている。例えば第5章で取り上げた訪問介護事業所も訪問介護サービス価格の 90％ が介護保険によりカバーされることからも明らかなように、公益性が高いサービスを提供している。つまり訪問介護事業所は社会的企業としての要素を備えているといえる。政府（中央・地方）による社会的企業への期待は大きく、社会的企業の起業支援政策を施行する地方自治体も出現するほどである。

　しかしながら、社会的企業のタクソノミの構築や社会的企業や社会的企業家に関する定量分析は決して進んでいるとはいえない。そこで、本章ではまず、社会的企業とはなにか、社会的企業家の特性はなにか、ということについて、先行研究から得られた情報をもとに整理し、社会的企業のタクソノミ

を構築することから始めたい。次に、社会的企業家に対して行ったアンケート調査をもとに、わが国の社会的企業家の特性と社会的企業の経営効率性との関係について計量分析を行い、最後に本研究で行った計量分析から明らかとなったこと、および今後の研究課題に関して述べることにする。

第1節　社会的企業とは

社会的企業の定義は、国、地域により様々であり、いわば混沌とした状態にある。例えば、原田・塚本（2006）は、社会的企業を「社会課題の解決をミッションとして、ビジネスの手法や企業家精神を活用して活動する組織の総称であり、組織形態は、非営利組織や協同組合形態を基盤に形成されたものから、会社（営利法人）形態をとるものまである」と定義している。また、谷本（2006）によると、社会的企業は、「社会性－社会的課題に取り組むことを事業活動のミッションとする」、「事業性－社会的ミッションをわかりやすいビジネスの形に表し、継続的に事業活動を進めて行くこと」、「革新性－新しい社会的商品・財・サービスやその提供する仕組みの開発、あるいは一般的な事業を活用して社会的課題に取り組む仕組みの開発」の3要素を満たしている組織であるとする。

他方、日本では社会的企業家が実践するビジネス・モデルのことを「コミュニティ・ビジネス」と呼ぶことが多い。また社会的企業そのものを「コミュニティ・ビジネス」と呼ぶこともある。社会的企業は、ある程度の地域性を持って特定の範囲内で活動していることが多いため、社会的企業家が実践するビジネスは、コミュニティ・ビジネスであると捉えても差し支えない。コミュニティ・ビジネスは、一人から数名が小さな地域を対象に事業を起すことができるから、「スモール・ビジネス」や「マイクロ・ビジネス」と呼ばれることもある（藤江 2002）。コミュニティ・ビジネスの定義はおよそ下記のようなものである。

（1）利益は得るがその追求を至上の使命とせず、あくまでも地域を活性

化し、地域住民の便益に供することを第一の目的とする事業を総称した言葉（藤江 2002）。
(2) 地域住民がよい意味で企業的経営感覚を持ち、生活者意識と市民意識のもとに活動する「住民主体の地域事業」（細内 1999）。
(3) 地域住民が、地域の問題を解決するために、地域資源を活用しながら、ビジネスとして継続的に展開し、地域を元気にする事業（経済産業省 2002）。
(4) 市民が主体となって、地域が抱える課題をビジネスの手法により解決し、またコミュニティの再生を通じて、その活動の利益を地域に還元するという事業の総称（コミュニティビジネスサポートセンター website）。
(5) 地域住民の生活に密接に関わる課題を解決するためにビジネス的手法で取り組み、「コミュニティ」と「ビジネス」という2つの視点が調和する新しい形の事業。ここでいうコミュニティとは、近隣エリア的な地域社会だけでなく、テーマにより形成されるものも含まれる（おおさか CB ネット website）。

といった具合である。

一方、海外に目を向けてみると、Borzaga and Defourny（2001）は、EMES（L'Émergence des Enterprises Sociales en Europe）ネットワークにより研究された EU 諸国における社会的企業の定義を紹介している。そのなかで社会的企業は、いわゆる NPO セクターの範囲内で定義されている。Borzaga and Defourny（2001）は社会的経済分析アプローチと NPO セクター分析アプローチを融合し、社会的企業を非営利セクターの中で特殊な性質を持ったものであり、ワーカーズ・コーポラティブ志向の協同組合[2]と生産志向の NPO との積集

---

2) 一般的に、ワーカーズ・コーポラティブは、その労働者によってコントロールされる組織体である。外部のもの、例えば消費者などはその組織に属することはできない。フィンランドの労働参入協同組合、ギリシャの農業協同組合、イギリスの在宅介護協同組合など、比較的小規模な協同組合を指す。

合であるとしている。そして、この積集合にある組織は次の条件を満足する。

① 財・サービスを持続的に生産している
② 市民グループにより組織されている
③ 市民グループが自律的に運営し他の組織から管理されることはない
④ 起業した者はつぶれるかも知れないという（経済的）リスクを負う
⑤ ボランティアを労働力として使用する
⑥ コミュニティへの貢献が活動目的である
⑦ 資本の保有量（株式保有量など）には無関係で1人1票制である
⑧ 様々なステークホルダーが組織運営に参加する
⑨ 制約された割合ではあるが、利潤をステークホルダーに分配できる

ただし、組織形態がNPOの場合、⑨の条件は満足しないことになる。

他方、Dees（1998a）は社会的企業を表6-1により表現し、社会的企業は純粋非営利性と純粋営利性の間で、ミッションと社会的・経済的価値のバラン

表6-1 社会的企業のスペクトル

	純粋非営利性	社会的企業	純粋営利性
活動動機 活動基準 活動目的	慈善 ミッション 社会的価値の創造	慈善と自己利益の混合 ミッションと市場の混合 社会的価値と経済的価値の混合	自己利益 市場 経済的価値の創造
主要なステークホルダー			
消費者	無料	市場価格より安い価格、あるいは無料と市場価格の混在	市場価格
資本提供者	寄付・助成金	市場価格より安い価格、あるいは寄付・助成金と市場価格の混在	市場レンタル料
労働力	ボランティア	市場価格より安い労働賃金、あるいはボランティアと市場賃金の混在	市場賃金
供給価格	現物による寄付	特別割引価格、あるいは現物寄付と市場価格請求の混在	市場価格請求

出典：Dees（1998a）を参考に著者が作成

第6章 社会的企業の定量分析

スを取って存在している組織であると定義している。

　これらの定義を鑑みると、どの組織が社会的企業に属するかを判断することは容易な作業ではないように思える。先行研究により定義が微妙に異なるうえ、社会的企業は組織形態のみで分類できるものではないからである。1つの提案しうる社会的企業のタクソノミとしては、図6-1で表されるように、社会的企業が持つ2つの目標、つまり「本業として準公共財・サービスを生産・供給する」という社会的目標と「利潤を追求する」という経済的目標に着目し、ある組織が社会的企業に属するかどうかを判断することである。

　そもそもNPOの第1の活動目的は、社会・経済問題の解決に寄与する準公共財・サービスの供給であるから、NPOが生産・供給する財・サービスの公共性が高いのは当然のことである。つまりNPOという組織形態をとることは、すなわち上述の社会的目標を追求していることと同意である。したがって、あるNPOが社会的企業に分類されるかどうかを判別するには、経済的目標を追求しているかどうかを見ればよい。あるNPOが経済的目標を追求しているかどうかを判断する方法としては、事業収入に依存した収入構造を持つかどうかをみることになる。つまりNPOが社会的企業にグルーピングする時の基準値は、対価性収入が総収入に占める割合（＝対価性収入比率）となる。図6-1に示されているように、対価性収入比率が大きければ、そのNPOは事業型NPOであり、すなわち社会的企業であると判断することになる[3]。

　一方、営利組織の第1の活動目的は利潤を最大化することであるから、営利組織の事業収入は、もともと総収入の大半を占めている。したがって、対価性収入比率が大きいのは当然であり、収入構造により社会的企業であるかどうかを判断することができない。むしろ営利組織が社会的企業であるかど

3）対価性収入が総収入の何パーセントであれば、社会的企業にグルーピングできるのか、その基準値に決まった値はない。仮に基準を50%とすれば、前述の財務データ分析から、NPO法人の多くが社会的企業セクターに含まれることになる。

第 1 節　社会的企業とは

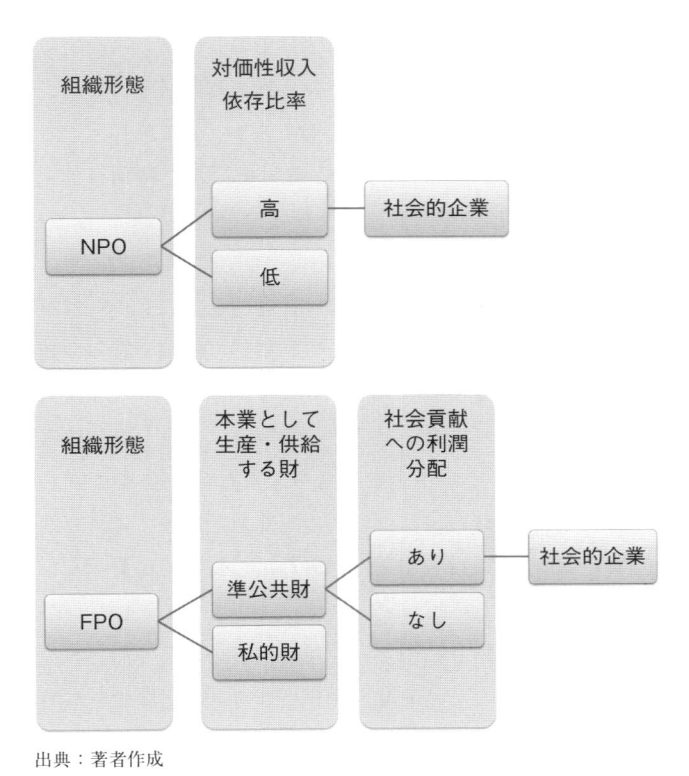

出典：著者作成

図 6-1　組織形態別社会的企業のグルーピング

うかを判断する基準は、「本業として生産・供給する財・サービスが準公共財・サービスであるか」ということと、「得られた利潤のいくらかを社会・経済問題の解決に向けた取り組みに還元しているか」ということである。図6-1 に示されているように、本業として生産・供給される財・サービスが準公共財・サービスであり、得られた利潤の一部を「社会・経済問題の解決に向けた取り組み（さらなる準公共財・サービスの質の向上や供給量の増大など）」のために投入していれば、その営利組織は社会的企業であると判断する。

図 6-1 に従えば、公共工事を請け負う建設会社は、原則、社会的企業にグルーピングされないことがわかる。地方自治体から公共事業を請け負う建設会社が本業として生産するものは道路や橋などの公共財・サービスである。

しかしながら供給主体はあくまで地方自治体であり、また一般的に建設会社は、地域に不足した道路や橋をつくるという社会貢献活動に対し、得られた利潤の一部を分配するというようなことはしない。PFI事業として地方自治体と公共施設の建築・管理・運営という契約を結んだ特別目的会社（SPC: Special Purpose Company）は、準公共財・サービスを供給していることになる。営利のSPCが、もし利潤の一部を社会・経済問題の解決に向けた取り組みのために投入するのであれば、その組織は社会的企業にグルーピングしてよいであろう。指定管理者は「公の施設」の利用許可権限を持ち、利用料金を施設の維持・管理に必要な事業収入とすることができる。もし、営利の指定管理者が、利潤の一部を「社会・経済問題の解決に向けた取り組み」のために投入するのであれば、その指定管理者もまた社会的企業といえそうである。公営企業も民営化された後に、利潤の一部を「社会・経済問題の解決に向けた取り組み」のために投入するのであれば、社会的企業とみなすことができる。

　他方、社会的企業と混同されやすい営利企業が、企業の社会的責任（CSR）に取り組む営利企業である。私的財・サービスの生産・供給を本業とする一方で、CSR部門などを介して利潤の一部を社会貢献活動に投入する営利企業がCSRを行う目的は、およそ社会にとってよい企業でありたいという欧米的な企業倫理からか、あるいは本業として生産・供給する私的財・サービスのマーケット・シェア拡大による利潤増大のために行うものである。営利組織が企業倫理からCSRを行う場合、単に利潤の一部を損失させるわけであるから、欧米の企業倫理の概念が多くの株主に理解され始めているとはいえ、株主への説明責任を果たすことは容易なことではない。一方、マーケット・シェア拡大による利潤増大のためにCSRを行う場合、新たな利潤を生むわけであるから、企業倫理からCSRより説明責任を果たすことは容易である。マーケット・シェア拡大のためのCSRの例としては、ボルヴィックによる「1L for 10L」プログラム（売り上げの一部を、清潔で安全な水が湧く井戸をアフリカに建設するユニセフに寄付する）、マイクロソフト社の「UP-デジタルインクルージョンの推進」プログラム（NPOや高齢者のIT利用の促進を積極

的に支援する)、パソコン講座を開催し、ホームレスの就労支援を行い、デジタルデバイド (情報格差) という社会問題の解消に取り組む NEC のプログラム、松下電器の「グリーンサンタの森キャンペーン」(1つの家電で1本の植樹を目指し、グリーンサンタ財団への寄付を行う)、アメリカン・エキスプレス・カードの「ワールド・モニュメント・ウォッチ」プログラム (世界中の危機に瀕した歴史的建造物を保護し修復していくためにワールド・モニュメント財団に対して寄付を行う) など、数多く挙げられる。留意すべき点は、これらの営利企業の本業が社会貢献活動ではなく、あくまで私的財・サービスの生産・供給であるということである。社会貢献に取り組む営利企業に対して消費者は好感をもち、営利企業の取り組みに賛同する消費者は、その営利企業が生産する私的財・サービスを購入することにより、賛同の意思を伝えようとする。これらの実践例は、社会貢献活動は本業である私的財・サービスの売上に有利に働かせるための経営戦略であり、コーズ・リレーテッド・マーケティングとして認識されている。このように、企業が取り組む CSR と社会的企業が取り組む準公共財・サービスの生産活動はその背景が大きく異なる。図 6-1 に示されているように、これら2つの取り組みには、本業は準公共財・サービスを生産・供給なのか、それとも私的財・サービスを生産・供給なのかという違いがある。私的財・サービスの生産量の向上を目的として CSR に取り組む営利企業は、社会的企業にはグルーピングされないことになる[4]。

---

4) 平成 20 年 12 月 1 日から新公益法人制度が施行され、非営利と営利のどちらにも分類されない労働組合、管理組合、協同組合などの中間法人は、移行期間5年間のうちに消滅し一般社団法人へと移行した。この制度では、一般社団法人と一般財団法人は行政庁による監督はなく、事業の公共性の有無にかかわらず登記のみで設立できるが、余剰金の分配はできない。一般社団および一般財団のうち、特に公共性の高い事業を行うと認められた法人は公益社団法人あるいは公益財団法人となる。主な認定基準は、公益目的事業を行うことを主たる目的としているか、公益目的事業に係る収入がその実施に要する適正費用を超えていないか、公益目的事業費が 50/100 以上の見込みであることなどである。新制度への移行後、各法人が社会的企業にグルーピングされるかどうかは、生産・供給する財の公共性および対価性収入比率、公益目的事業費などを見て判断することになる。

社会的企業家とは

　前述のとおり、社会的企業には大別すると次の2種類ある。1つは事業型NPOであり、もう1つは、本業として準公共財・サービスを生産・供給することによって得られた利潤の一部を得られた利潤のいくらかを社会・経済問題の解決に向けた取り組みに還元する営利組織である。これらの社会的企業における人的資本の中心をなすのが社会的企業家（Social Entrepreneur）である。先行研究を見てみると、社会的企業がそうであるように社会的企業家の定義もまた一様ではない。

　谷本（2006）は社会的企業家としての条件を下記の3つにまとめている。すなわち、(1) 従来の政府やボランタリーセクターが役割を担ってきた社会的な事業領域（例えば福祉や教育、環境など）を対象としたビジネスを行うこと、(2) 新しく生み出されるビジネス・モデルが、上記領域における社会的課題の解決に結びついていること、(3) 社会的メッセージを組み込んだ商品や財・サービスの提供を通じて、社会的課題を地域市民にわかりやすく提示し、地域社会や関連機関などの利害関係者の変化、つまり社会変革を促していくことである。

　一方、Schuyler（1998）は、社会的企業家を「社会的変化を見通す力を持ち、経営能力や社会を変えたいという欲望、それらを支えるだけの資金が調達できる個人」と定義している。Thompson et al.（2000）は、社会的企業家を「州政府の社会福祉システムでは満足させることのできない需要を満足させる機会を発見し、必要なリソース（ヒト、モノ、カネ）調達し、それらを、変化を起すために使う人物」と定義している。

　他方、Dees（1998b）によると、社会的企業家は次の5つの精神を持つとしている。

① 社会的価値を創造し、それを長く保つようなミッションを掲げる。
② ミッションの達成につながる新しい機会には貪欲に望む。
③ 革新、順応能力、学習を持続的に行っている。

④　手持ちの資源に制限されることなく大胆に行動する。
⑤　支援者や成果に対する説明責任の意識を強く持っている。

　しかしながら、社会的企業家が満たすべき5つの精神すべてを満足していなければ、社会的企業家とはいえないのだろうか。もしそうなら、社会的企業家とはかなり有能で滅多に見かけない希少な人物となってしまう（Light 2006）。ところが実際のところ、社会的企業はわれわれの周りに多く存在している。さらに、これらの5つの精神のうち、Dees（1998b）のいう③、④、⑤の項目は、社会的企業家に限定せずともすべての企業家に必要な能力であるといえそうである。
　上述の先行研究を横断的にみると、社会的企業家の定義は社会的企業家が属する組織の特色とは無差別に成り立っていることがわかる。つまり営利企業のCSR部門に社会的企業家が存在している可能性があるし、行政機関の中に存在している可能性もある。社会的企業家は必ず社会的企業に属しているというわけではない。しかしながら組織が社会的企業であるならば、そこには必ず1人以上の社会的企業家が存在する。すなわち、社会的企業家は社会的企業よりも広い概念であるといえよう。
　それでは、事業型NPOに属する社会的企業家は、FPOに属する社会的企業家と全く同じ経営戦略を実践するのであろうか。事業型NPOの社会的企業家が第一に考えなければならないことは、ミッションをいかにして達成するかということである。一方で、事業型NPOは準公共財・サービスを生産・供給することにより得られる対価性収入に総収入の多くを依存するわけであるから、事業型NPOの社会的企業家も一般営利企業の企業家同様、高度な経営的センスが求められる。つまり、どうやって効率的に財・サービスを生産・供給するのか、安定的な経営を担保するために対価性収入をどうやって増やすかといった経営戦略を練ることが必要になる。一方、FPOの社会的企業家の第一の活動目的は利潤最大化である。それを達成するために、満たされない需要を持つ準公共財・サービスをめざとく発見し、その需要を満足するように準公共財・サービスを生産・供給する。つまり社会的企業家は、

表 6-2　社会的企業家の経営戦略

社会的企業の組織形態	第1の活動目的	第1の活動目的を達成させるために担保すべきこと
NPO	社会・経済問題を解決する準公共財を供給することにより社会貢献する	安定的な経営のために、総収入の多くを対価性収入に依存するような財務形態に移行する
FPO	社会貢献や株主等への配当、新たな設備投資などを行うために利潤最大化問題を解く	準公共財・サービスに対する満たされない需要を発見し、その需要を満足する

出典：著者作成

　ミッションの達成と利潤の追求という二つの目的について同じウエイトを置いて活動しているのではなく、組織形態が FPO であるのかそれとも NPO であるのか（なにが第1の活動目的なのか）によって、ミッションの達成と利潤の追求の間に、経営戦略上のウエイトの差があるものと考えられる[5]。表 6-2 に表されているように、事業型 NPO の場合、第1の活動目的は社会・経済問題を解決する準公共財・サービスを生産・供給することであり、そのために安定的な経営を担保すべく対価性収入比率の上昇を試みることになる。一方 FPO の場合、第1の活動目的は株主や労働者への配当とともに社会・経済問題の解決に向けた取り組みへの利潤の分配である。その目的のために、準公共財・サービスに対する満たされない需要を目ざとく発見し、その需要を満足するように準公共財・サービスを生産・供給することになる。

第2節　社会的企業へと移行する NPO

　一般に NPO の収入源は、会費・料金収入、事業収入（行政委託事業を含む）、

---

[5] もちろんこれらのウエイトが組織形態にかかわらず同じであるというケースを除外するものではない。株式会社の組織形態をとる社会的企業家にあっては、株主への配当の増加よりむしろ、株を保有する社会的企業がどれだけ多くの良質な準公共財・サービスを供給したかということに重心を置く株主もいる。㈱株式会社市民風力発電、㈱自然エネルギー市民ファンドなどの株主がそれにあたる。

政府からの公的補助、寄付金収入に大別される。これらが NPO の代表的な収入源であるが、それぞれの特色について見てみよう。

まず公的補助であるが、これは必ずしも安定的な資金源であるとはいえない。先に述べたような政府からの公的補助を受けて、政府に代わって NPO が多様で小規模な準公共財・サービスを供給するというシステムは、公的補助に支出できるような財政状況にないときは不安定である。

では寄付金収入はどうか。寄付には個人寄付と企業寄付があるが、景気が低迷しているときは、個人寄付からの収入の増加は見込めない。加えて寄付には慣習的な要素があり、たとえ景気が回復したとしても、一夜にして多くの個人が寄付を行うようになるというものではない。他方、経営戦略あるいは企業倫理の一部として捉えられる CSR を果たす 1 つの手段としての企業寄付が挙げられる。企業寄付の概念は、多くの企業に受け入れられているが、株主への説明責任を果たすことの困難さから、劇的な増加を見せていない。現在のところ NPO が個人寄付や企業寄付からの収入増加を期待させる材料は見当たらないようである。

残るは会費・料金収入と行政委託事業を含む事業収入である。公的補助および寄付金収入のドラマチックな増加が見込めない以上、会費・料金収入あるいは事業収入に収入の多くを依存してゆくよう収入構造を変化させて行くことは、持続的な NPO 経営を達成するためには自然なことである。特に事業収入の増加をもたらす様々な経営戦略を実行したり、PFI 事業や指定管理者制度などを利用したりして、安定的な収入源の確保を目指す NPO は増加しているものと予想される。そして、NPO の中でも特に、事業収入にその収入の多くを依存する NPO は、社会的企業として認識されるようになってきている。

ここで、利用可能なデータは 2 期間のみではあるが、社会的企業へと移行する NPO のすがたを定量的に観察してみたい。いま事業収入に収入の多くを依存した収入構造を持つ NPO を事業型 NPO と呼ぶ。また、NPO および NPO 法人の集合体を NPO セクター、NPO 法人セクターとそれぞれ呼ぶ。NPO 法人セクターについては、事業化の潮流が存在するかどうか定量的に

検証することが可能である。なぜなら、NPO法人は認証機関である各都道府県又は内閣府に対して事業報告書を提出することになっているからである。一方、法人としての認証を受けていないNPOは、財務データに関して報告義務がないため、その収入構造がどのようになっているか詳細に把握することはできない。しかしながら、そのほとんどが個人商店のように極めて小規模な経済規模であり、経済規模で見るとNPO法人セクターはNPOセクターの大部分を占めるものと思われる。したがって、NPO法人セクターの財務データを観察することにより、NPOセクターの収支構造に関する特色について、ある程度の予測が可能であると考える。

そこでNPO法人の収入構造を把握するために、NPO法人財務データベース（website）と独立行政法人経済産業研究所（website）による調査結果を利用する。NPO法人財務データベース（website）は、2003年度事業報告をもとに、12,551法人[6]について財務状況を調査したものである。図6-2はNPO法人セクターの収入源について、このデータベースが明らかにした各種収入源の構成比率（％）である。

図6-2によると、2003年度のNPO法人セクターの収入源は、入会金・会費収入が8％、事業収入が67％、補助金・助成金が11％、寄付金が10％、その他経常収入が5％となっている。

一方、独立行政法人経済産業研究所（website）によると、2000年度のNPO法人セクターの収入源の構成比率は、入会金・会費収入が7％、事業収入が56％、補助金・助成金が14％、寄付金が9％、その他経常収入が13％である（図6-3）[7]。

図6-2と図6-3を比較すると、2000年度と2003年度では、事業収入比率

6）事業報告書等が未提出の法人、および2004年1月以降に設立されため会計期間が3ヵ月未満の法人はこのデータベースに含まれていない。したがって内閣府ホームページで公表されている2003年度のNPO法人数、14,522とは一致しない。

7）2001年9月から11までに把握できた4,458法人を集計対象としている。そのうち、2000年度の事業報告書を提出し、収入の内訳が把握可能であった2,164法人について示されている。

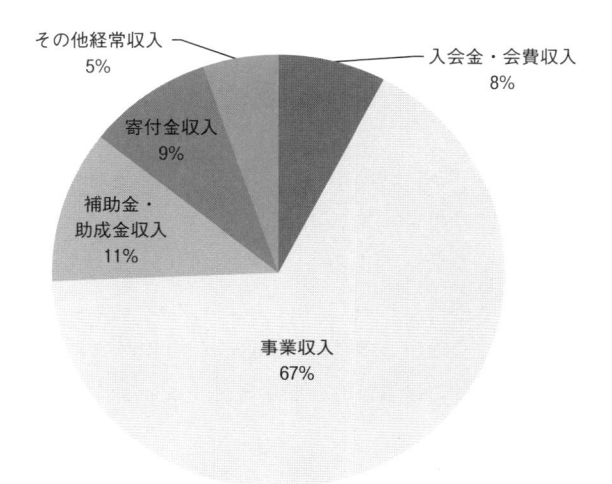

第 2 節　社会的企業へと移行する NPO

図 6-2　2003 年度 NPO 法人セクターの収入源

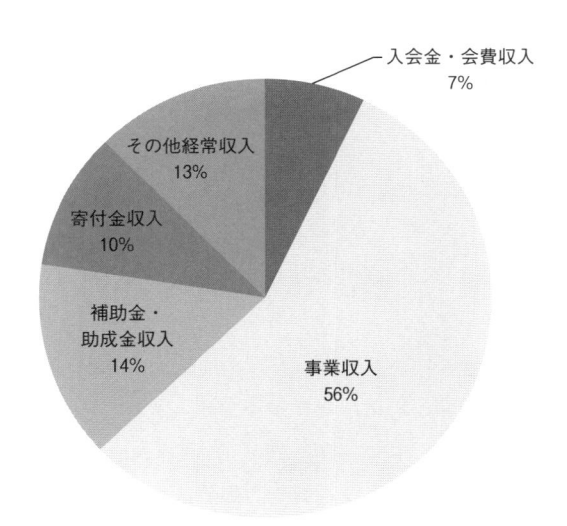

- その他経常収入 5%
- 入会金・会費収入 8%
- 寄付金収入 9%
- 補助金・助成金収入 11%
- 事業収入 67%

図 6-3　2000 年度の NPO 法人セクターの収入源

- 入会金・会費収入 7%
- その他経常収入 13%
- 寄付金収入 10%
- 補助金・助成金収入 14%
- 事業収入 56%

は 11％ポイント増となっている。事業収入比率の上昇は、NPO 法人は商業化する傾向にあることを表しているから、NPO 法人セクターの商業化が定

127

量的に確認できたということになる。また NPO 法人セクターの商業化をもって、NPO セクターは商業化に向かっているものと予想する。

　一方、委託金（政府のアウトソーシングのための費用）や補助金が収入合計に占める割合は、2003 年度と 2000 年度を比較すると 3% ポイント減である。これは委託金・補助金が外部環境（政府の政策や財政状況）に左右されやすいため、必ずしも安定的な収入であるとはいえないことを示している。他方、寄付金が収入総額に占める割合は、2000 年度と 2003 年度ではほぼ同じ値であることから、寄付行為そのものは景気動向や政府の財政状況に依存していないと思われる。寄付行為は慣習的な要素を持つということが反映されているとみることができる。

　次に NPO 法人の支出構造に目を向けてみよう。どのような収入構造に変化しようが、その第 1 の活動目的は、社会・経済問題を解決するというミッションを達成することである。すなわち、その組織が NPO である以上、支出のほとんどは本来の事業であるミッションの達成に投入される。たとえ内部留保が生じても、利潤の非分配制約により理事やスタッフに対して過分に配分されることはなく、それは次のミッションに充てられることになる。このような NPO の支出特性を定量的に確認することができる。図 6-4 は財務データより得られる NPO 法人セクターの支出構造を表している。

　図 6-4 で特筆すべきは、いずれの年度も NPO 法人の準公共財・サービスの生産・供給に係るミッションの履行費用（直接経費＋間接経費）は 9 割という実に高い水準を保っているということである。この全経常支出に占める準公共財・サービスの生産・供給にかかわる費用（ミッション履行費用）の割合の高さは、NPO 法人がミッションの達成に当期収入のほとんどを支出しているということを意味する。また過剰な内部留保はなされていないともいえる。さらに特筆すべきは、直接経費（事業費など）と間接経費（事務管理費など）の比率はいずれの年度もほぼ 2：1 であるということである。これは人件費によって構成される事務管理費に支出の多くを配分しない、あるいは配分できないという状況を反映しているものと思われる。これは NPO の活動が無償ボランティア、あるいは市場賃金以下の賃金で働く有償ボランティアに

第 2 節　社会的企業へと移行する NPO

```
―― 2003年度　―― 2000年度
```

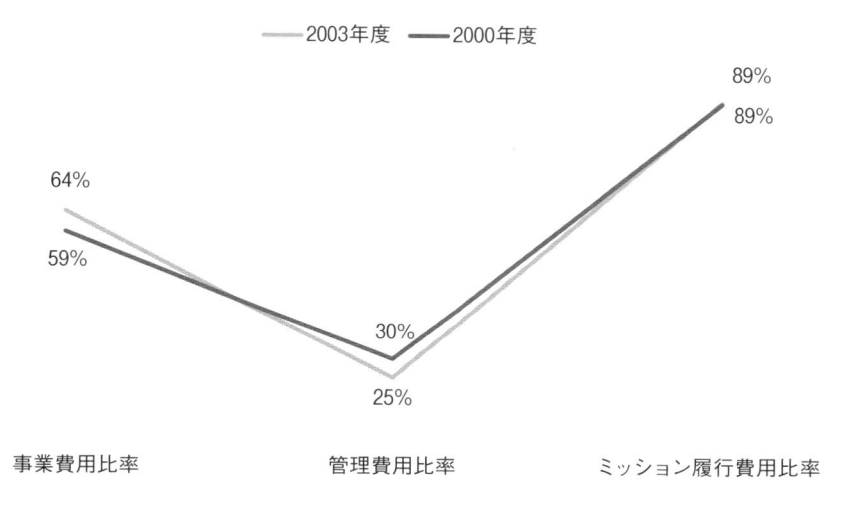

64%
59%

30%
25%

89%
89%

事業費用比率　　　　管理費用比率　　　　ミッション履行費用比率

図 6-4　NPO 法人セクターの支出構造

よって支えられているということの裏返しとみることもできる。

　ここでは、2000 年度と 2003 年度という短いスパンではあるが、NPO 法人の事業報告書より、次の 2 つのことが定量的に確認できた。まず、NPO 法人セクターの収入構造は事業型に向かっているということである。つぎに NPO 法人セクターの支出構造は定常的でありそのほとんどがミッションの達成に用いられるということである。つまり、NPO 法人の収入構造は事業型へ向かう一方で、その収入構造は定常的であり、得られた収入のほとんどをミッション遂行費用に充当しているということである。ここで観察した NPO 法人の財務データは、NPO セクターの収支構造を完全に表したしものではないが、NPO の事業化に向かう姿を定量的に示唆したものとして留意に値する[8]。

　NPO は、しばしばその経営基盤の脆弱さ、経営能力の弱さが指摘されてきた。特に安定的な資金の獲得能力という内部環境について弱みを持つとい

---

8) ただし、当然のことながら、これらの観察を統計的に検証することはできない。

129

われて久しい。利潤を追求するということとNPOであるということは相反するコンセプトであるから、NPOは利潤を追求すべきではないという見解もある。確かにNPOの第1の活動目的は社会・経済問題を解決するというミッションを達成することではあるが、これは利潤を追求してはならないということを意味しない。ミッションの達成のために持続可能な経営を担保するNPO経営戦略とは、ミッションの達成が第1の活動目的であるということを堅持する一方で、事業化を進め、より安定的な収入構造に変化させることである。

第3節 社会的企業家精神と経営効率性

　社会的企業および社会的企業家に関する研究の歴史は浅い。Mosher-Williams（2006）によると、欧米では社会的企業家の特性や社会的企業家の精神に焦点を当てた理論研究が主流であり、計量分析に耐えうるデータは存在しない。一方、日本では漸く理論研究が始まったところである。

　そこで、本章を社会的企業の計量分析のパイロット・スタディに位置付けて、社会的企業家精神が社会的企業の経営効率性にどのような影響を与えるのかということについて定量的に分析してみたい。このトピックに取り組むに際しては、社会的企業家精神をどのようにアンケート調査票に反映させるかという大きな問題を抱えている。利用可能なデータの制約から、少々大胆ではあるが「社会的企業家としての自覚を持つ人物は、社会的企業家精神を保有している」との仮定のもとで、次の3つの仮説を中心に検定を行った。

　まず、最初の仮説は、

仮説1：社会的企業家精神は社会的企業の経営効率性は向上する。

である。この仮説は、社会的企業家精神が社会的企業経営のスキルアップを促し、ひいては社会的企業の経営効率性を向上させるというシナリオを反映している。次に社会的企業の特質として挙げられるのは、社会的企業は他の組織とのネットワークを介して協働を実践する傾向あるということである

(Henton et al. 1997, Prabhu 1999)。多くの NPO が政府やその他の組織と協働しながら、準公共財・サービスの生産・供給に取り組んでいる。1つの組織では生産・供給できないような規模や質の準公共財・サービスでも、同じようなミッションを持っている他の組織との協働により需要を満足させることも可能である。また協働により、他の組織の経営手法を学んだりすることもできる。したがって検定すべき仮説は、

　仮説2：協働は社会的企業の経営効率性は改善する。

となる。

　また、Dees（1998b）によると、社会的企業家は非営利か営利かという組織形態に関係なく出現するとしている。つまり社会的企業家は、取り組むべき社会的問題を解決する準公共財・サービスの性質に応じて、その準公共財・サービスを供給する際に一番有利と思われる組織形態を選ぶということになる。すなわち次の仮説を検定することになる。

　仮説3：社会的企業が社会的問題を解決するために供給する準公共財・
　　　　サービスの貨幣価値は、その組織形態とは無関係である。

　これらの仮説を検定するとともに社会的企業の経営効率性と経営効率性に影響を与えている要因がどのようなものであるかについて分析するために、本章では確率的フロンティア・モデルの推定を行う。確率的フロンティア・モデルには、特に生産関数を推定するもの、費用関数を推定するもの、利潤関数を推定するものがある。社会的企業のように、営利組織と非営利組織の2つの組織形態が混在している場合、費用関数および利潤関数を推定することは不適切である。なぜなら、社会的企業を実践している非営利組織が、いくら事業化しようとも、第1の活動目的はあくまで、「ミッションの達成」であり、利潤最大化問題を解かないからである。利潤最大化問題を解かない非営利組織が含まれる以上、費用最少化問題の解により構成される費用関数および利潤最大化問題の解により構成される利潤関数を推定することは不適切である。したがって、社会的企業の経営効率性を分析する際には、生産関

数を推定する確率的フロンティア・モデルが適切な推定モデルといえる。

　推定モデルが決まったところで、次に問題となるのが、どのようにして社会的企業の産出を測るかということである。一般的に私的財・サービスを生産する営利企業の場合、産出は生産高で測られる。一方で、社会的企業は上述の通り、産出されるのは地域に発生した社会・経済問題を解決へと導く準公共財・サービスである。したがって、私的財・サービスを生産する営利組織のように生産高をもってその組織の産出とすると、社会的企業の産出は過少評価されてしまう。「社会・経済問題を解決する」という、いわば「公益性の貨幣価値」を、生産高で把握することができないからである。

　そこで本章では、「公益性の貨幣価値」を把握するために、ジョンズ・ホプキンス大学と国際連合統計局が開発・出版している「Handbook on Non-Profit Institutions in the System of National Account」（非営利組織のためのSNAハンドブック、以下ハンドブック）に従うことにする。

　非営利組織は、市場で取引されない準公共財・サービスも産出（非市場産出）している。しかし、93SNAでは、非営利組織が生産する準公共財・サービスの貨幣価値（＝公益性の貨幣価値）のうち、市場で取引されないもの、あるいは市場で取引されないほど意味のない価格がつけられたものは、産出＝0として計上されている。93SNA体系による非営利組織の産出の過少評価を回避するために、ハンドブックでは、非営利組織の非市場産出を把握しようとする試みがなされている。非営利組織の中には、例えば私立大学のように、大学の講義を生産しているが、市場で取引されない研究論文や基礎実験結果なども生産している。したがって、非営利組織の本来の総産出（市場産出＋非市場産出）の値を掴むため、ハンドブックでは、総支出額＞総収入額（＝市場産出）の場合は、その差額を非市場産出としている。一方、総支出額＜総収入額の場合は、非市場産出＝0としている。つまり、総収入額＝総産出である（山内・柗永 2005）。これらの議論から、社会的企業が生産する準公共財・サービスの貨幣価値は、営利組織、非営利組織のいずれの場合も、組織の「総支出」で測る方が、「総収入」で測るよりも適切であると考える。

第4節 推定結果とその解釈

本節で推定する確率的フロンティア・モデルは、下記の通りである。

$$Output_i = \beta_0 + \beta_1 Dtechnology_i + \beta_2 DStaff_i + \beta_3 Technology_i \\ + \beta_5 Education_i + \beta_6 FPO_i + v_i - u_i \quad (6\text{-}1)$$

ここで、i は、社会的企業 i を表す。式(6-1)の変数は下記の通りである。

$Output_i$：総支出額で測った社会的企業が生み出す準公共財・サービスの貨幣価値、

$Dtechnology_i$：生産技術ダミー（活動期間が一年未満であれば0、それ以外は1）

$DStaff_i$：常勤有給スタッフダミー（常勤有給スタッフがいない場合は0、それ以外は1）

$Technology_i$：MAX [活動期間, 1-$DTechnology_i$]（対数値）

$Staff_i$：MAX [常勤有給スタッフ人数, 1-$DStaff_i$]（対数値）

$Education_i$：経営責任者の人的資本レベル（就学年数、対数値）

FPO_i：営利組織なら1、非営利組織なら0（非営利組織は、NPO法人、任意団体、財団法人、社団法人、企業組合、事業協同組合、その他協同組合、営利組織は有限会社、株式会社個人事業主）

また、v_i は u_i とは無相関であり、$iidN(0, \sigma_v^2)$ である。そして、u_i は平均 $\mu_i > 0$、分散 σ_u^2 の切断正規分布に従う。さらに、μ_i は下記の推定式で表される。

$$\mu_i = \delta_0 + \delta_1 CB_i + \delta_2 Profit_i + \delta_3 Kyodo_i + \delta_4 CB_i^2 \times + \delta_5 (CB_i \times Profit_i) \\ + \delta_6 (CB_i \times Kyodo_i) + \delta_7 (Profit_i \times Kyodo_i) + W_i, \quad (6\text{-}2)$$

ここで、W_i は、平均0、分散 σ_v^2 の切断正規分布に従う誤差項である。

第6章　社会的企業の定量分析

表6-3　基礎統計値

	支出	生産技術ダミー	有給スタッフ数ダミー	生産技術	有給スタッフ数	リーダーの教育年数
平均	25828554.3	0.989795918	0.510204082	8.244897959	3.591836735	14.98979592
分散	1.52757E+15	0.010204082	0.252472123	64.70229329	26.82137597	4.443193772
尖度	8.76608531	98	−2.040350329	12.06812015	10.78809432	0.942384147
歪度	2.657707621	−9.899494937	−0.041462172	2.806186286	3.104525168	−0.080686887
範囲	230692619	1	1	55	29	12
最小	100	0	0	1	1	9
最大	230692719	1	1	56	30	21

	CBダミー	利益追求ダミー	協働ダミー	ネットワークダミー	評価ダミー	NPOダミー
平均	3.183673469	0.632653061	0.581632653	0.469387755	0.602040816	0.979591837
分散	1.038081212	0.234799074	0.24584473	0.251630549	0.242057648	0.02019777
尖度	−0.791444168	−1.723197864	−1.926761705	−2.026258031	−1.859061278	46.41601562
歪度	−0.796935616	−0.558925501	−0.336138531	0.124594346	−0.42344729	−6.889772967
範囲	3	1	1	1	1	1
最小	1	0	0	0	0	0
最大	4	1	1	1	1	1

CB_i：社会的企業家ダミー（社会的企業を行っているという認識を持って活動している場合は0、そうでない場合は1)、

$Profit_i$：事業型ダミー（主な収入源が事業収入でない場合は0、それ以外は1)、

$Kyodo_i$：協働ダミー（他の組織との協働経験がない場合は0、それ以外は1)、

CB_i^2：CB_iの二乗、

$CB_i \times Kyodo_i$：CB_iと$Kyodo_i$の交差項、

$CB_i \times Profit_i$：CB_iと$Profit_i$の交差項、

$Profit_i \times Kyodo_i$：$Profit_i$と$Kyodo_i$の交差項。

本節では、「科学研究補助金基盤研究（B）「非営利セクターとしての社会的企業による地域活性化に関する研究/課題番号　16330078」で行ったアンケート調査（NPO/社会的企業における事業・資金調達・ネットワークの実態と戦略に関する調査）で得られたデータを用いている。アンケート調査票送付数は、2,000件であり、回収数は186件（回収率9.3%）である。上述の確率的フロンティア・モデルを推定するために利用した統計ソフトは、*FRONTIER 4.1*であり、欠損値を取り除いた推定に利用可能なサンプル・サ

第4節　推定結果とその解釈

表 6-4　推定結果

確率的フロンティアモデル	係数（標準誤差）	技術の非効率性モデル	係数（標準誤差）
Constant	12.8785***	Constant	−0.0275
	(1.3508)		(1.0258)
Dtechnology	0.9457	CB	−4.6290*
	(1.0567)		(2.4955)
Dstaff	0.7649**	Profit	−6.6089*
	(0.3569)		(3.6232)
Technology	0.5291***	Kyodo	−2.2459
	(0.1819)		(1.5212)
Staff	0.5980***	CB^2	1.1643**
	(0.1984)		(0.5568)
Education	0.89553	CB×Profit	−3.6845**
	(0.5693)		(1.5299)
NPO	−1.3511	CB×Kyodo	−1.9475*
	(0.8333)		(0.9994)
		Profit×Kyoso	4.1248*
分散パラメータ	係数（標準誤差）		(2.3570)
		Log-L	−163.83
$\sigma_s^2 = \sigma^2 + \sigma_v^2$	11.9855***		
	(3.4226)	標本数	98
$\gamma = \sigma^2/(\sigma^2 + \sigma_v^2)$	0.9117***		
	(0.0331)	技術効率の平均値	0.588

* は 10%有意水準、** は 5%有意水準、*** は 1%有意水準をそれぞれ示す。
FRONTIER 4.1 による推定。

イズは 98 であった。基礎統計値は表 6-3 に示されている。また、推定結果が表 6-4 に示されている。

表 6-4 から、仮説 1〜3 は統計的にすべて棄却できないことがわかる。また、次の式(6-3)より社会的企業家精神は社会的企業の経営効率性に正の影響（＝非効率性に負の影響）を与えていることがわかる。

$$\frac{\partial \mu}{\partial CB} = -4.6290 + 1.1643 \times \overline{CB} - 3.6845 \times \overline{Profit} \\ - 1.9475 \times \overline{Kyodo} = -0.6795 < 0 \tag{6-3}$$

ここで、$\overline{CB}$、$\overline{Profit}$、$\overline{Kyodo}$ は各変数の平均値を表す。

第6章　社会的企業の定量分析

　次に収益事業の拡大が社会的企業の経営効率性に正の影響を与えることが、次の式(6-4)よりわかる。

$$\frac{\partial \mu}{\partial Profit} = -6.6089 - 3.6845 \times \overline{CB} + 4.1248 \times \overline{Kyodo}$$
$$= -15.9400 < 0 \tag{6-4}$$

　同じ要領で、

$$\frac{\partial \mu}{\partial Kyodo} = -2.2459 - 1.9475 \times \overline{CB} + 4.1248 \times \overline{Profit}$$
$$= -5.8364 < 0 \tag{6-5}$$

により、協働の経験が社会的企業の経営効率性を改善することがわかる。

　以上の推定結果より、仮説1～3は、それぞれ統計的にはすべて棄却できないことが明らかとなった。この検定結果、著者が提案する目指すべきコミュニティ・ビジネス・モデルとは、

1. 社会的企業を運営するものは常に社会的家精神に則った経営を行い経営効率性の改善を行う、
2. 他の組織に対してオープンであり、積極的に協働事業を推進し、経営効率化につながるような経営手法は積極的に取り入れてゆく、
3. 非営利組織である場合、事業型NPOへの移行を目指す、
4. 社会的企業を起業するとき、営利であるか非営利であるかは、取り組む社会・経済問題を解決する公共サービスを供給する際にどちらが有利かということで決める、

というものである。

　最後に表6-5には、各社会的企業の経営効率値を表したものである。経営効率値の取り得る値は0以上1以下であり、効率的な経営を行っている社会的企業ほど経営効率値は1に近くなる。ここでは、アンケート回答者のプライバシー保護のため、具体的な社会的企業名は伏せてあるが、もし社会的企業の情報交換のためのプラットフォームが確立できれば、経営効率値で見た社会起業のランキング表作成、および社会的企業経営のベストプラクティスを他の社会的企業が学ぶということも可能である。社会的企業の中間支援組

表 6-5 社会的企業の効率性ランキング

ランキング	社会的企業サンプル番号	経営効率性	ランキング	社会的企業サンプル番号	経営効率性
1	2	0.823	51	16	0.653
2	82	0.809	52	78	0.647
3	94	0.804	53	49	0.633
4	11	0.793	54	68	0.624
5	91	0.788	55	17	0.621
6	69	0.786	56	77	0.620
7	8	0.782	57	27	0.618
8	72	0.777	58	20	0.611
9	30	0.767	59	85	0.597
10	13	0.759	60	88	0.589
11	26	0.755	61	96	0.588
12	25	0.748	62	40	0.583
13	14	0.745	63	32	0.581
14	1	0.744	64	35	0.569
15	23	0.743	65	38	0.569
16	7	0.735	66	54	0.567
17	92	0.732	67	56	0.560
18	6	0.731	68	61	0.560
19	65	0.731	69	22	0.553
20	10	0.730	70	75	0.543
21	28	0.730	71	80	0.537
22	45	0.729	72	55	0.492
23	71	0.729	73	18	0.490
24	98	0.729	74	66	0.477
25	59	0.729	75	50	0.475
26	76	0.729	76	37	0.475
27	63	0.726	77	5	0.459
28	12	0.726	78	64	0.459
29	74	0.726	79	95	0.458
30	90	0.722	80	79	0.458
31	97	0.717	81	58	0.452
32	89	0.712	82	87	0.437
33	19	0.711	83	62	0.415
34	15	0.709	84	86	0.395
35	39	0.708	85	52	0.392
36	57	0.707	86	83	0.389
37	21	0.706	87	47	0.365
38	43	0.702	88	46	0.313
39	31	0.699	89	44	0.295
40	3	0.678	90	51	0.281
41	81	0.678	91	9	0.247
42	60	0.677	92	84	0.246
43	24	0.674	93	42	0.158
44	48	0.674	94	67	0.128
45	53	0.670	95	34	0.125
46	36	0.665	96	41	0.032
47	29	0.661	97	73	0.003
48	4	0.659	98	70	0.000
49	93	0.655			
50	33	0.655			

織には、情報交換プラットフォームとしての役割が期待される。

第5節　まとめ

　本章では、まず「社会的企業のタクソノミ」を構築した。社会的企業が持つ「本業として準公共財・サービスを生産・供給する」という社会的目標と「利潤を追求する」という経済的目標に着目し、ある組織が社会的企業に属するかどうかを判断するタクソノミといえる。このタクソノミに則して、社会的企業における事業型NPOの位置付け、社会的企業と企業の社会的責任との違い、社会的企業家の特色など、社会的企業の周辺概念も含めて論じた。

　本章ではさらに、独立行政法人経済産業研究所（website）とNPO法人財務データベース（website）による財務データを用いて、商業化するNPOのすがたを観察した。これは、「小さな政府」への移行に伴い、準公共財・サービスの供給主体がNPOへシフトしている一方で、財政難によりNPOの運営資金である助成金、委託金からの収入に安定性が期待できないことを背景に、より安定性の高い事業収入の確保に動いているものと考えられる。

　これら2つのデータは、NPOの商業化を事業収入比率の上昇という側面から定量的に示している。すなわち、多くのNPOが事業化への道を進み始めたことが定量的に確認できたことになるが、このことは資金調達能力に乏しいといわれ続けてきNPOが事業化に向かい、その資金調達能力が改善してきている様子を捉えていると考えられる。

　しかしながら、多くのNPO研究家が指摘しているように、過度なNPOの商業化は、第1の活動目的であるミッションの達成を軽んじる可能性を生みだすことになりかねない。事業型NPOの社会的企業家には、NPOの本分である「ミッションの達成」に意識を常に保ちながら、収支状況を安定させることが要求される。

　また、商業化するNPOおよび社会的企業について議論を展開するに際し、CSR部門と社会的企業の違いについても触れている。本章では谷本（2006）と異なり、CSR部門を社会的企業に分類していない。確かに営利企業の

第5節　まとめ

　CSRと社会的企業の社会貢献活動には、最終的に生み出されるアウトプットが類似している。しかしアウトプットを生み出す背景は大きく異なる。すなわち、社会的企業は、社会貢献活動そのものが本業である一方でCSRは、あくまでも営利組織が私的財を生産・供給するという本業を補助する活動である。

　そして、社会的企業の利潤の追求という目標（経済的目標）とミッションの達成という目標（社会的目標）の間には、組織形態によりウエイトの差があるということについても議論を展開している。特に事業型NPOの場合、社会的企業家は、利潤の非分配制約によりミッションの達成にウエイトを置く一方で、FPOの場合、社会的企業家は、株主への分配を鑑み、利潤追求にウエイトを置くと考えられる。どちらにウエイトを置くかで経営戦略は異なる。社会的企業家は、生産・供給する準公共財・サービスの性質に応じて、FPOかNPOのどちらかの組織形態を選択し、経済的目標と社会的目標のウエイトの差を加味しながら経営戦略を練ることになる。

　さらに本章では、社会的企業家精神や社会的企業間ネットワークが経営効率性にどのような影響を与えるかということに焦点を当てた計量分析を展開している。分析の結果、社会的企業家精神と社会的企業間ネットワークの両方が経営効率性を高めることがわかった。

　本章の分析結果を解釈する上での注意点は、次の3点である。まず、1点目は、本章における推定モデルは大標本分析であることから、本章のサンプル・サイズでは十分大きいとはいえないことである。このため本章の分析は小サンプル・サイズ問題を引き起こしている可能性がある。またNPOに比べFPOのデータが極端に少ないのも問題である。2点目は、社会的企業家精神を定量的に測る際、アンケートで社会的企業を行っているという認識があると回答した場合、社会的企業家精神があると解釈しているが、社会的企業家精神の有無を二値的に測れるかという問題である。どのような項目によって、最も正確に社会的企業家精神を定量的に測ることができるのか、アンケート調査項目の作成に工夫が必要である。3点目としては、社会的企業が保有する物的資本に関するデータについて、分析に足るに十分なサンプ

ル・サイズを得られなかったため、説明変数から除いていることである。このことより、定式化の誤りを起している可能性が疑われる。

このような問題を抱えてはいるが、本章の社会的企業の経営効率性に関する計量分析は著者の知る限り、初めての試みであるため、パイロット・スタディとして意義深いものであると考える。また、今後の課題としては、Dees (1998b) による社会的企業家としての5つの条件を反映したアンケート調査項目の開発が挙げられる。本章を今後の社会的企業に関する計量分析の初手としたい。

参考文献

Borzaga C. and Defourny, J. (2001) *The emergence of social enterprise*, Routledge.

Dees, J. G. (1998a) Enterprising nonprofits, *Harvard Business Review*, 76 (1), Harvard Business School Press, 55-66.

Dees, J. G. (1998b) *The Meaning of Social Entrepreneurship*, the Center for the Advancement of Social Entrepreneurship (CASE). Fuqua School of Business, Duke University, (http://www.fuqua.duke.edu/centers/case/documents/dees_sedef.pdf), 3/31/2007 access.

Henton, D., Melville, J. and Walesh, K. (1997) The age of the civic entrepreneur: restoring civil society and building economic community *National Civic Review*, Summer, 86 (2), 149-156.

Light, C. P. (2006) Searching for social entrepreneurs: Who they might be, where they might be found, what they do, In R. Mosher-Williams (ed.), *Research on Social Entrepreneurship: Understanding and contributing to an emerging field*, ARNOVA Occasional Paper Series, 1 (3), The Aspen Institute: Washington D. C., 13-37.

Mosher-Williams, R. (2006) Much more to do: Issues for further research on social entrepreneurship, In R. Mosher-Williams (ed.), *Research on Social Entrepreneurship: Understanding and contributing to an emerging field*, ARNOVA Occasional Paper Series, 1 (3), The Aspen Institute: Washington D. C., 13-37.

Prabhu, G. N. (1999) Social entrepreneurial leadership, *Career Development International*, 4 (3), 140-145.

Schuyler, G. (1998) *Social Entrepreneurship: Profit as a means, not an end*, Kauffman Center for Entrepreneurial Leadership Clearinghouse on Entrepreneurial Education (CELCEE) website (http://www.celcee.edu/products/digest/Dig98-7html) 3/31/2007 access.

Thompson, J., Geoff, A. and Lees, A. (2000) Social entrepreneurship - A new look at the

people and the potential, *Management Decision*, 38(5), 348-338.
NPO法人財務データベース（website）(http://npodb.osi.osaka-u.ac.jp/) 2008年8月8日アクセス．
おおさかCBネット（website）(http://www.osaka-cb.net/cb/index.html) 2008年12月11日アクセス．
経済産業省（2002）『平成14年コミュニティ・ビジネスにおける自治体等とコミュニティ活動事業者の連携による地域活性化事業実態等調査研究報告書』経済産業省．
コミュニティビジネスサポートセンター（website）(http://www.cb-s.net/CB.html) 2008年8月10日アクセス．
谷本寛治［編］(2006)『ソーシャルエンタープライズ：社会的企業の台頭』中央経済社．
独立行政法人経済産業研究所（website）「全NPO法人の財務状況等のデータに関する集計分析結果」(http://www.rieti.go.jp/jrojects/npo/report0208_01.pdf) 2008年8月10日アクセス．
内閣府（website）(http://www.npo-homepage.go.jp/data/pref.html) 2008年12月5日アクセス．
原田勝広・塚本一郎［編］(2006)『ボーダレス化するCSR―企業とNPOの境界を越えて』同文舘．
藤江俊彦（2002）『コミュニティ・ビジネス戦略―地域市民のベンチャー企業―』第一法規．
細内信孝（1999）『コミュニティ・ビジネス』中央大学出版部．
桜永佳甫（2009）「第4章 商業化するNPO」塚本一郎・山岸秀雄（編）『ソーシャル・エンタープライズ―社会貢献をビジネスにする』丸善．
山内直人・桜永佳甫（2005）「非営利サテライト勘定による寄付とボランティアの統計的把握」『季刊国民経済計算No. 131』内閣府経済社会総合研究所．

第 7 章

ソーシャル・キャピタルの定量分析
── 賃金に与える影響 ──

　近年、わが国では多くの職種で終身雇用制度の終焉を迎え、給与体系も、年齢給を基軸とした基準内賃金から、職能給を基軸としたものへと変化しつつある。賃金がどのような要因によって決定されるかというトピックについては、本書に列記することが不可能であるくらい、あまりに多くの研究者が取り組んでいる。その主な要因として、性別、学歴、職歴などが挙げられる。なかでも教育への投資は個人の職業能力の上昇を招き、引いては生涯賃金の上昇をみるというシナリオが Becker (1964) により理論化されて人的資本論は大きな発展を遂げた。それまで、賃金の格差は、労働に関する制度的な問題あるいは労働市場の不完全性によって生じるとされていたが、人々の教育に対する投資の差が労働力の質の差を生み、それが賃金の差につながるとするシナリオを理論的に説明することができるようになった。この人的資本論により労働経済学も大きな転換点を迎えることになる。特に、この理論モデルをベースに実証モデルを作り上げたのが Mincer (1974) である。Mincer (1974) によって構築された賃金の実証モデル（ミンサー型賃金関数）により、教育への投資の収益率を計算することが可能となった。このミンサー型賃金関数は、人的資本論の実証モデルとして高い評価を受け、開発経済学や教育経済学など、経済学の様々な応用領域で推定されている。確かに安井・佐野 (2009) が指摘するように、ミンサー型賃金関数の推定には、能力バイアス、セレクションバイアス、測定誤差、教育変数の内生性の問題などが存在する。しかしながら、それでもなお、ミンサー型賃金関数はそのデータの当てはまりの良さから、賃金関数の代名詞として認識され、その推定がなされている。

一方で、先行研究は、社会的属性と人的資本だけでは賃金の決定要因を完全に説明できないことも明らかにした。すなわち、上述の社会的属性と人的資本以外にも賃金を説明する要因があるということを先行研究は示唆していることになる。そこで本書で着目したのが、ソーシャル・キャピタルである。いくら労働者1人ひとりの人的資本が多く、労働者個人の生産性が高くとも、労働者の豊かなソーシャル・キャピタルがもたらす労働者間の円滑な組織内伝達（コミュニケーション）がなければ、組織の生産性は向上しない。また生産活動の多くの過程で、豊かなソーシャル・キャピタルがもたらす労働者間の信頼や協力なしには効率性の高い生産活動は期待できない（Knack and Keefer 1997, La Porta et al. 1997, Zak and Knack 2001, Bowles and Gintis 2002, Sobel, 2002）。組織内伝達が上手くいくと、いわゆる「3人寄れば文殊の知恵」となる。たとえ平凡な3人であっても、それぞれの能力の相乗効果により、1人で考えるより文殊菩薩のようにすぐれたアイディアが浮かぶということであるが、それはあくまで組織内伝達がうまくゆく場合である。組織内伝達がうまくゆかない場合は、どんなに労働者の個々の生産性が高くとも、組織の生産性は低下することも有り得る。

中馬（1995）は、他の労働者とうまくコミュニケーションをとることができるか（コミュニケーション能力）、協調性はあるかといった能力もまた人的資本（Human Capital）の一種とみなしている。他方、コミュニケーション能力やグループ活動のような円滑な意思伝達を可能にする能力を人的資本に含めるのではなく、それ自身を独立したものとして扱い、それが構築される過程、環境に焦点を当てた研究を行ったのが Putnam（2000）である。Putnam（2000）によると、円滑な意思伝達を可能にする能力は、ソーシャル・キャピタル（Social Capital、社会関係資本）と呼ばれ、物的資本（Physical Capital）や人的資本と並ぶ第3の生産投入要素として認識することができる。Putnam（2000）は、その著書の中で、ソーシャル・キャピタルは、「信頼」、「互酬性の規範」、「ネットワーク」の3つの要素により構成されるとしている。Putnam（2000）は、ソーシャル・キャピタルが持つ経済的特質として、ソーシャル・キャピタルを増すことによって、組織内の人々の協調性を促し、ひ

いては生産性を向上させることができると指摘している。そして組織外でのソーシャル・キャピタルの経済的側面については、市場の各プレーヤー間でコミュニケーションが円滑に進み、よって取引費用が低く抑えられるため、プレーヤー間での協働が盛んに行われるようになると述べている。さらに円滑なコミュニケーションにより、情報の流通量が増すため、個人や企業および組織の学習の機会が多くなり、様々な情報を組み合わせることができると主張する。アメリカのシリコンバレーでは、ベンチャー企業間でのフォーマルおよびインフォーマルの水平的なネットワークが技術革新を促進していることをその例として挙げている。そして、Putnam（2000）は私たちが職に就けるかどうかは、人的資本（何を知っているか）ではなく、ソーシャル・キャピタル（誰を知っているか）によって決まると述べている。

　Putnum（2000）による指摘を鑑みると、人的資本同様、ソーシャル・キャピタルもまた個人の特異性の1つの要素として考えることができる。そして、人的資本、物的資本を生産活動のエンジンにたとえるなら、ソーシャル・キャピタルはそのエンジンを効率的に動かすのに必要不可欠な潤滑油にたとえることができよう。ソーシャル・キャピタルが効率的な生産活動に必要不可欠であるなら、当然企業はソーシャル・キャピタルに富む労働者を高く評価するはずである。そして、その評価は賃金の増加という形で労働者にフィードバックされるであろう。合理的な労働者であれば、ソーシャル・キャピタルの醸成に努め、賃金の増加を図ろうとするはずである。

　本章ではこのような考察のもと、ソーシャル・キャピタルと賃金との関係について定量分析を試みる。

第1節　ソーシャル・キャピタルと人事評価

　それでは、企業において労働者のソーシャル・キャピタル蓄積量はどのような経路をへて賃金に反映されているのであろうか、あるいはそもそも労働者のソーシャル・キャピタル蓄積量を反映させる賃金体系というものが存在するのであろうか。

第7章　ソーシャル・キャピタルの定量分析

図7-1　労働者の能力

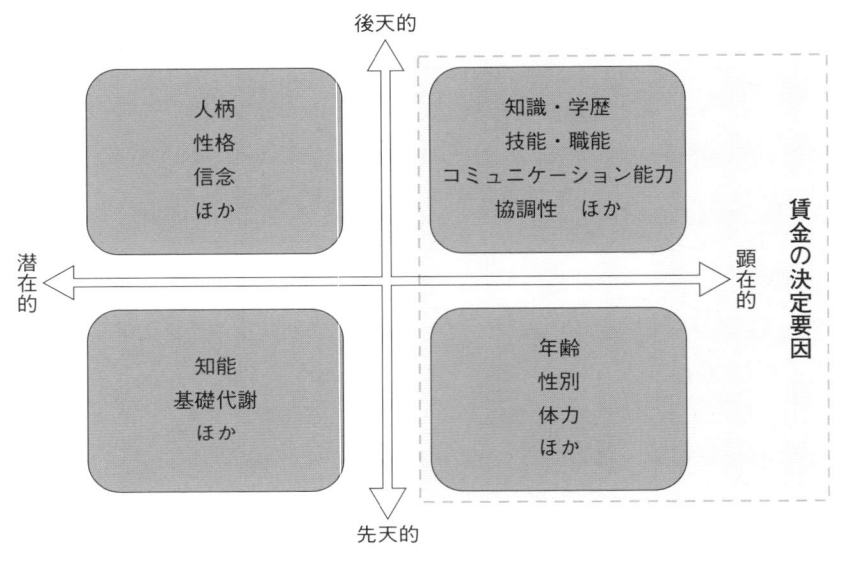

出典：著者作成

　労働者の能力を、後天的能力、先天的能力、潜在的能力、顕在的能力に分けると、図7-1のようになる。この中で、企業が労働者能力の評価指標としているのは、第1象限と第4象限に記載された事項である。すなわち、学歴、職能、コミュニケーション能力、協調性などの、後天的かつ潜在的な能力（第1象限）と年齢、性別、体力などの社会的属性で、先天的であるが顕在化した能力（第4象限）である。

　一方、笹島（2004）によると賃金を左右する人事評価は、能力評価、情意評価、業績評価に大別される。能力評価[1]とは、組織における人事評価の1つで、仕事をする能力の評価を指す。図7-2に示されるように、能力評価は、

---

1) そもそも人間の能力は、潜在的側面が多く、その正確な評価は難しい。笹島（2004）によると、現実の仕事ぶりをみて能力の有無や水準を評価しようとするコンピテンシー評価を行う企業が増えているようである。現実の仕事ぶりとして、たとえば取引先との折衝がうまくいっていれば折衝能力ありと判断することになる。

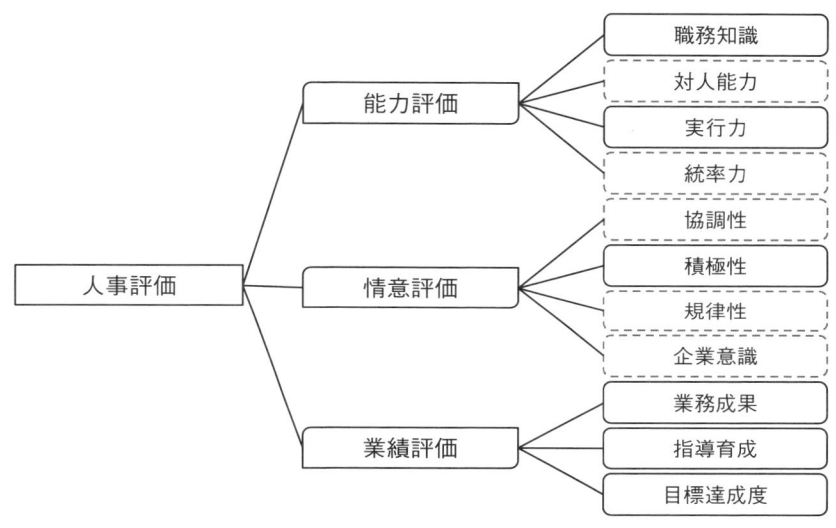

第1節　ソーシャル・キャピタルと人事評価

```
                                   ┌─ 職務知識
                       ┌─ 能力評価 ─┼─ 対人能力
                       │           ├─ 実行力
                       │           └─ 統率力
                       │           ┌─ 協調性
         人事評価 ─────┼─ 情意評価 ┼─ 積極性
                       │           ├─ 規律性
                       │           └─ 企業意識
                       │           ┌─ 業務成果
                       └─ 業績評価 ┼─ 指導育成
                                   └─ 目標達成度
```

出典：笹島（2004）

図7-2　人事評価指標

職務知識、対人能力、実行力、統率力という4つの評価細目に分類される。これらの評価細目のうち、労働者が蓄積するソーシャル・キャピタルに関する評価は対人能力および統率力である。

　情意評価は、意欲・態度に関する評価であるが、具体的には協調性（チーム力があるか）、積極性、規律性（職場規律を守っているか）、企業意識（企業全体を考えて行動しているか）という4つの評価細目により構成される。これらはすべて労働者が蓄積するソーシャル・キャピタルに関して評価したものといえよう。

　業績評価もまた人事評価の1つであるが、その評価細目は業務成果、指導育成、目標達成度の3つに分類される。しかしながら、これらはいずれもソーシャル・キャピタルに関する評価ではない。なぜなら、業績評価は、売上、ノルマ、顧客満足度などにより計測されるからである。

　他方、基本給の主要構成は、年齢給、職能給（努力給）、職務給である。野村総合研究所（2008）によると、職能給とは、社員の職務を遂行する能力を

基準として決まる賃金のことである。一方、職務給は、担当している職務の難易度や責任の重さを基準として決められる賃金である。職能給は労働者個人が有する能力に値段がついており、職務給はポストに値段がついているといえる。したがって、学歴やOJTなどの人的資本は職能給には影響を与えるが、職務給には影響を与えないと考えられている。他方、他の労働者への信頼や他の労働者とのネットワーク、コミュニケーション能力などがなければ、重要ポストには到底就けないことから、ソーシャル・キャピタルは職能給と職務給の両方に影響を与えると考えることができよう。つまり、ソーシャル・キャピタルと人事評価および賃金との関係は、下記のようにまとめることができる。すなわち、労働者のソーシャル・キャピタルは、対人能力と統率力（能力評価の細目）と協調性、規律性、企業意識（情意評価の細目）によって評価され、その結果は職務給および職能給という形で給与に反映される。図7-1でいうところの点線で囲まれた評価軸は労働者が蓄積するソーシャル・キャピタルに関する評価を表しているといえる。

　実際の労働市場でも、労働者の保有するソーシャル・キャピタル蓄積量は人事考査の指標の一部を構成しており、考査結果が賃金に反映されている。例えば、どんな若者が雇用される能力（エンプロイアビリティ）が高いかということを調査した厚生労働省（2004）によると、多くの企業が、基礎的学力、資格、先行した専門知識などの人的資本のほかに、コミュニケーション能力、プレゼンテーション能力、ビジネスマナー、クラブ・サークル活動、社会貢献活動などのソーシャル・キャピタルを基軸とする能力を重視する傾向にある（図7-3参照）。

　一方、東京都産業労働局産業政策部（2003）によると、中途採用時に企業が転職者に求めるリーダーとしての能力は、誰とでも良好な関係を作る能力、部下の意欲を高めたり、部下から慕われたりする能力、社長や上位者とうまくやってゆく能力などを挙げている（表7-1参照）。

　実際、ライオン、京王ホテル、アメリカン・エクスプレスカードなどは、部下や後輩と効果的なコミュニケーションができたか、組織のまとまりに留意したか、良いネットワークづくりに貢献したか、良き市民として社会に貢

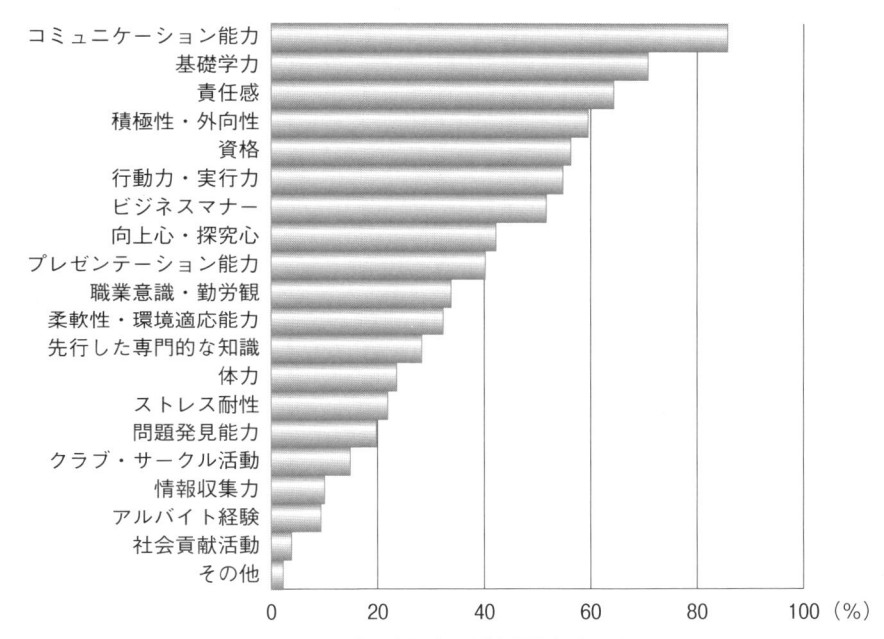

第 1 節　ソーシャル・キャピタルと人事評価

出典：『若年者の就職能力に関する実態調査』結果 厚生労働省（2004）
図 7-3　企業が若者に求めるエンプロイアビリティ

献したかなど、ソーシャル・キャピタルを基軸とする指標が人事考課に用いられている（日経連出版部編 1996）。

ところが、労働経済学の分野では、ソーシャル・キャピタルを賃金決定要因として明示的に位置付けたものは極めて少ない。企業が労働者のネットワーク構築に投資する価値について分析したもの（Fernandez and Castilla, 2008）、ネットワーク力が求職者にどれほど重要な能力であるかを定量的に分析したもの（Flap and Boxman, 2008）、あるいはネットワーク力と就職活動及び出世との関係について分析したもの（Erickson, 2008）が数少ない先行研究として挙げられる。しかし、Putnam（2000）に従えば、ネットワークは、ソーシャル・キャピタルの3つの要素のうちの1要素に過ぎないため、ネットワーク力と賃金との関係を検証しただけでは、ソーシャル・キャピタルと賃金の関係について十分な分析をしたとは言い難い。信頼、互酬性の規範、あ

表 7-1　中途採用時に企業が重視した能力

		企業が重視した能力（%）
1	これまでの職業経験に自信を持っている	55
2	誰とでも良好な関係を作る能力	44
3	部門全体を束ねることができる	43
4	部下の意欲を高めたり、部下から慕われたりする能力	42
5	問題や不具合を見過ごさず、直ちに対処することができる	41
6	経験のない職掌・職種の知識を積極的に吸収できる	36.7
7	数名の部下の指導と管理に優れている	36
8	社長や上位者とうまくやっていく能力	33
9	経理・財務の知識がある	32
10	基準や納期を遵守し、確実に仕事を仕上げることができる	29
11	いろいろな組織・業界などを経験している	26
12	取締役としてやっていける力がある	26
13	自分の能力の長所と欠点を自覚している	23
14	同業の製品・商品の企画、見積、算ができる	20
15	異業種に関する知識を持っている	20
16	社外の人脈を育てる能力	18
17	会社や事業所の情報化戦略を立案できる	14
18	誰もが認めるような売上や業績をあげられる	14
19	国際感覚と語学力がある	13
20	市場調査、市場開拓に優れている	11
21	出向経験があり、異なる組織文化への適応力がある	9.3
22	研究や商品開発ができる	5
23	店舗の運営全般を任せられる	5
24	製品開発の指導ができる	4
25	関連会社で技術指導ができる	2

出典：『中途採用による経営革新リーダーの人材確保に関する調査』東京都産業労働局産業政策部（2003）

るいはその両方に説明力があれば、先行研究は、説明変数の欠落による問題を抱えていることになる。したがって、本書ではPutnam（2000）に忠実に従い、「信頼」、「互酬性の規範」、「ネットワーク」（ソーシャル・キャピタル3要素）、すべてを欠落させることなく説明変数としてモデルに組み込み、これらと賃金の関係について定量分析を行うことにする。

第2節　ソーシャル・キャピタルの定式化

(1)「信頼」の定量化

　ソーシャル・キャピタルに関する研究が進むにつれ、その存在について異議を唱える研究者は少なくなってきてはいるが、それをいかにして定量化するかということについては、研究者間でコンセンサスを得られているとは言い難い。本章でも、どのようにソーシャル・キャピタルを定量化するかが研究目的達成のカギとなる。ソーシャル・キャピタルの定量化を試みた文献のうちの多くは、Putnam（2000）に従い、ソーシャル・キャピタルの3要素である「信頼」、「互酬性の規範」、「ネットワーク」のそれぞれについて定量化を試みている。

　ソーシャル・キャピタルの構成要素のうちの1つとしての「信頼」を定量化する際、アメリカでは、総合的社会調査（GSS: General Social Survey）の中の「一般的に言ってあなたはほとんどの人は信用できると思いますか、それとも用心するにこしたことはないと思いますか」という設問を流用するケースが多い。他方、内閣府（2003）では、「信頼」をさらに「一般的信頼」と「相互信頼・相互扶助」に分けているが、上述のようなGSSと類似の設問を設けることにより、「一般的信頼」を定量化しようと試みている。

　本書で分析に用いるデータは、日本版総合的社会調査（JGSS: Japanese General Social Survey）である。JGSS-2005の調査概要については、第3章第2節に詳細が述べられているが、再度箇条書きで示すと下記の通りである。

　　○調査地域：全国
　　○調査対象：2005年9月1日時点で満20歳以上89歳以下の男女個人
　　　　　　　（大正4年9月2日～昭和60年9月1日までに生まれた男女）
　　○標　本　数：4,500人
　　○抽出方法：層化二段無作為抽出法（全国を6ブロックに分け、市郡規模によって3段階に層化し、人口比例により307地点を抽出。各地点

151

第7章　ソーシャル・キャピタルの定量分析

において等間隔抽出法により、13〜15 名を抽出）
○回　収　率：50.5％（アタック数 4,500 ケースうち、有効回収数 2,023 ケース）

さて、JGSS-2005 面接調査票で「信頼」について下記のような設問を設けている。

　　Q:　一般的に、人は信用できると思いますか。[2]
　　A:　1. いいえ　　2. 場合による　　3. はい

この設問への回答により、信頼を定量化することができる。すなわち、他の労働者を信頼し、他の労働者の能力をうまく生かすということを考えることのできる労働者は、組織内外での取引をスムーズに運び、取引費用を軽減することができることから、他の労働者を信頼しない労働者に比べ職能給および職務給が高いと考える[3]。

(2)「互酬性の規範」の定量化

　Putnam（2000）のいう（一般的）互酬性の規範とは、「いつかきっと、ほかの誰か私に何かをしてくれると確信しているから、わたしはあなたからの何の見返りも期待せずに、あなたのためにこれをしてあげる」ということである。つまり、互酬性の規範とは、「情けは人の為ならず」におよそ似たものであるといってよい。すなわち、「人への情けは、いずれは巡って自分に返ってくるから、人にかける情けは人のためではなく、自分のためである」ということである。この互酬性の規範について、Grootaert et al.（2002）は「もし

---

2) 本章での賃金モデルの推定結果の解釈がしやすいように、JGSS-2005 オリジナルの回答番号をこのようにアレンジしている。
3) この設問は、一般的に人は信用できるかと聞いており、他の労働者には限定していないことに注意が必要である。また、企業外部の労働者との取引においては、相手側企業の評判が、その企業で働く労働者への信頼の度合いに大きく影響することも考えられる。

第2節　ソーシャル・キャピタルの定式化

あなたの家族が突然1週間の間比較的少額のお金を必要としたとしよう。このとき家族以外の何人の人がお金を貸してくれるでしょうか」という設問により定量化を行った。また内閣府（2003）「互酬性の規範」については、社会的活動への参加（地縁的な活動、ボランティア、NPO、市民活動への参加状況）により定量化している。

　Grootaert et al.（2002）と全く同じ設問はJGSS-2005にはないが、JGSS-2005面接調査票にある下記の設問に対する回答を互酬性の規範を測るための代理変数とみなすことができよう。

> Q: 社会が激しく変化する中で、心の健康が重大な問題になっています。もし、あなたが個人的な悩みやストレスを多く抱え、「ノイローゼかもしれない」と不安になったとしたら、誰に相談したいと思いますか。あてはまるものすべてに○をつけてください。
> A: 1. 家族　　　　　　　　　5. 臨床心理士・カウンセラーなど心理学の専門家
> 　　2. 友人・知人・恋人　　　6. 僧侶・牧師などの宗教家
> 　　3. 精神科・心療内科の医師　7. その他（具体的に）
> 　　4. その他の医師　　　　　8. 誰にも相談しない

　上述の回答のうち、家族はPutnam（2000）のいう「ほかの誰か」ではない。そもそも家族には「見返り」という概念そのものが当てはまらない。Grootaert et al.（2002）に従い、家族は除外してよさそうである。さらに、所定の料金を徴収してノイローゼの治療やカウンセリングをする医師やカウンセラーは、サービス料金という「見返り」を期待しているから、Putnam（2000）のいう「何の見返りも期待せずに」ということではない。他方、僧侶・牧師などは、宗教家の「務め」として檀家あるいは信奉者の悩みを聞くものであるから、僧侶・牧師も当てはまらない。回答の中では、唯一、友人・知人・恋人と答えたとき、回答者には「互酬性の規範」があるとみなすことが適切であろう。

(3)「ネットワーク」の定量化

労働者がネットワーク蓄積レベルについては、「近所での付き合い」と「社会的な交流」により定量化するのが一般的である。JGSS-2005 面接調査票の中で類似の設問としてみなせるのが下記の設問である。

Q: あなたは、次にあげる会や組織に入っていますか。A〜F それぞれについて、お答え下さい。[4]
A:
1. 政治関係の団体や会　　　　　　　　0. いいえ　　1. はい
2. 業界団体・同業者団体　　　　　　　0. いいえ　　1. はい
3. ボランティアのグループ　　　　　　0. いいえ　　1. はい
4. 市民運動・消費者運動のグループ　　0. いいえ　　1. はい
5. 宗教の団体や会　　　　　　　　　　0. いいえ　　1. はい
6. スポーツ関係のグループやクラブ　　0. いいえ　　1. はい

つまり、回答者が上述のグループ、クラブ、組織等に数多く所属していれば、ネットワーク力が培われると考える。様々なネットワークで出会った人々とのかかわりにより、社交性や交渉力などが身に付き、例えば折衝を必要とするビジネスシーンに直面した時はスムーズにそれを運ぶことができるだろうし、ネットワーク内での活動で、新しいビジネスが生まれるきっかけを作ることができるかもしれない。取引先が広がる可能性もある。

そこで、上述の設問に挙げられた組織に1つしか所属しなければネットワーク1、すべての組織に所属していればネットワーク6とみなす。理論的にはネットワークの最大値は6であるが、表7-2の基礎統計値にあるように、モデル推定に使用するデータにおけるネットワークの最大値は5である[5]。

---

[4] 本書での賃金モデルの推定結果の解釈がしやすいように、回答に付された番号 JGSS-2005 オリジナルをアレンジしている。

表 7-2　基礎統計値

変数名	平均	標準偏差	最小値	最大値	歪度	尖度
wage	6.2295	3.5051	1	18	0.3841	2.8507
SEXX	0.5577	0.4969	0	1	−0.2320	1.0527
SPOUSE	0.7428	0.4373	0	1	−1.1103	2.2317
COMPEDU	0.3925	0.7849	0	4	1.9693	6.0031
ST5HLTH	2.5044	1.0319	0	4	−0.2876	2.5371
SCALE1	0.6397	0.4804	0	1	−0.5816	1.3372
SCALE2	0.1885	0.3913	0	1	1.5923	3.5342
XXLSTS	12.8847	2.4148	6	18	−0.1245	2.7434
JOBEXP	28.2417	15.2685	0	73	0.1804	2.3595
JOBEXP2	1030.4600	943.5410	0	5329	1.2352	4.5792
XJOBYR	14.6153	13.6520	0	60	1.0508	3.4035
XJOBYR2	399.7770	631.7300	0	3600	2.4020	9.5119
SMFIRM	0.6696	0.4706	0	1	−0.7209	1.5185
UNION	0.3137	0.4643	0	1	0.8023	1.6426
NETWORK	0.4667	0.7363	0	5	1.8662	7.4699
TRUST	1.1319	0.5802	0	2	−0.0177	2.8276
NORM	0.4446	0.4972	0	1	0.2230	1.0486

第3節　推定結果とその解釈

　第2章の議論および第3章によるソーシャル・キャピタルの定式化より、既存の人的資本という視点に加え、ソーシャル・キャピタルという視点から代表的個人 i の賃金関数を推定してみたい。JGSS-2005面接調査票における賃金に関する設問は下記のように、カテゴリー化されたものとなっている。

---

5) 労働者間の円滑なコミュニケーション、情報交換を目的として、労働者の会社内部ネットワーク構築を重視し、積極的に社内のコミュニケーションを円滑にしようと様々なイベントを企画する企業も多い。例えば森ビルでは、オフィス・ライフに関する意識調査を行っている。その調査は、スポーツ大会、社員旅行、飲み会、サークル活動、ボランティア活動など、仕事以外でのちょっとしたコミュニケーション、すなわちインフォーマル・コミュニケーションが、特に20代オフィスワーカーにとって重要であると結論付けている（森ビル website）。

Q: 昨年1年間のあなたの主な仕事からの収入はいくらでしたか。税金、社会保険料、その他が引かれる前の額をお答えください。

A:
1. なし
2. 70万円未満
3. 70〜100万円未満
4. 100〜130万円未満
5. 130〜150万円未満
6. 150〜250万円未満
7. 250〜350万円未満
8. 350〜450万円未満
9. 450〜550万円未満
10. 550〜650万円未満
11. 650〜750万円未満
12. 750〜850万円未満
13. 850〜1,000万円未満
14. 1,000〜1,200万円未満
15. 1,200〜1,400万円未満
16. 1,400〜1,600万円未満
17. 1,600〜1,850万円未満
18. 1,850〜2,300万円未満
19. 2,300万円以上

JGSS-2005 の賃金に関する設問形式を鑑みると、賃金関数にソーシャル・キャピタルを加味した賃金推定モデルは下記のように表される。

$$wage_i^* = \alpha + \sum_{j=1}^{p} \beta_{ij} X_{ij} + \sum_{k=1}^{q} \gamma_{ik} SC_{ik} + \varepsilon_i, \quad i = 1, 2, 3 \cdots n, \quad (7\text{-}1)$$
$$wage_i = j \text{ if } A_{j-1} \leq wage_i^* < A_j, \quad J = 1, \cdots, J, \quad A_0 = -\infty, \quad A_j = +\infty$$

ここで、$wage_i$ はカテゴリーとして観測可能であり、$wage_i^*$ は質問項目の性質上、その正確な値はわからない。つまり観測不可能である。X_{ij} は性別、年齢、既婚・未婚などの社会的属性および人的資本を含む説明変数である。また、SC_{ik} はソーシャル・キャピタルを表す説明変数であり、β_{ji}、γ_{ik} は各説明変数の係数である。ε_i は誤差項であり、$\varepsilon_i \sim N(0\,\sigma^2)$ を仮定する。

説明変数の詳細については、表7-3 にまとめてある。表7-5 にはカテゴリカル・データ・モデルの推定結果が示されている。表7-5 の左の列は男女の両サンプルを用いて推定した結果、真ん中と右の列はそれぞれ、男性のみ、女性のみのサンプルを用いて推定した結果である。

ミンサー型賃金関数においては、被説明変数は対数がとられていることから、下記に示されているように、各カテゴリーの域値は対数値である必要が

表 7-3　被説明変数と説明変数

被説明変数		
年収	昨年1年間の主な仕事からの収入（税金、社会保険料、その他が引かれる前の額） $SZINCOMX =$ (1) 0円　(2) 70万円未満　(3) 70万円〜100万円未満　(4) 100万円〜130万円　(5) 130万円〜150万円未満　(6) 250万円〜350万円未満　(7) 350万円〜450万円未満　(8) 350万円〜450万円未満　(9) 450万円〜550万円未満　(10) 550万円〜650万円未満　(12) 750万円〜850万円未満　(13) 850万円〜1000万円未満　(14) 1000万円〜1200万円未満　(15) 1200万円〜1400万円未満　(16) 1400万円〜1600万円未満　(17) 1600万円〜1850万円未満　(18) 1850万円〜2300万円未満　(19) 2300万以上	

$lnwage$ は $SZINCOMX$ のカテゴリーの中央値の自然対数値を用いている（年収が0円の場合を除く）

説明変数		
社会的属性	$SEXX$ = 男性 = 1、女性 = 0 $SPOUSE$ = 配偶者がいるなら1、いないなら0 $COMPEDU2$ = 義務教育の子どもの数	
健康資本	あなたは、どれくらい健康状態に満足していますか。 $ST5HLTH2$ = 不満 0 ─ 1 ─ 2 ─ 3 ─ 4 満足	
都市規模	$SCALE1$ = 中規模都市に住んでいるのなら1、それ以外は0 $SCALE2$ = 小規模都市に住んでいるなら1、それ以外は0	
人的資本	$XXLSTS2$ = 教育年数 $JOBEXP$ = 労働経験年数 = 年齢 − 教育年数 − 6 $JOBEXP2$ = 労働経験年数の二乗 $XJOBYR$ = 現在の会社・組織での勤続年数 $XJOBYR2$ = 勤続年数の二乗	
	$SMFIRM$ = 従業員数300人未満の中小企業に勤めているなら1、それ以外なら0 $UNION$ = 労働組合に入っているなら1、入っていないなら0	
ソーシャル・キャピタルの3要素	一般的に人は信用できますか 『信頼』　　　出来ない　場合による　出来る $TRUST$ =　　　0　　　　1　　　　2 もし、あなたが個人的な悩みやストレスを多く抱え、不安になったとしたら、誰に相談したいと思いますか 『互酬性の規範』 $NORM$ = 友人・知人・恋人に相談するなら1、医師やカウンセラーなどサービスの対価を支払うものに相談する、あるいは家族や宗教家など、互酬性を期待しない相手に相談するなら0 『ネットワーク』 $NETWORK$ = 組織の所属数（ΣNET_i, $i = 1, 2, 3, 4, 5, 6$） 次にあげる会や組織に入っていれば1、入っていなければ0 　NET_1 = 政治関係の会や団体 　NET_2 = 趣味（コーラス、山歩き、写真など）の会 　NET_3 = ボランティアのグループ 　NET_4 = 市民運動・消費者運動のグループ 　NET_5 = 宗教団体や会 　NET_6 = スポーツ関係のグループやクラブ	

第7章 ソーシャル・キャピタルの定量分析

表7-4 被説明変数の域値

カテゴリー	域値		カテゴリー	域値	
	Lower	Upper		Lower	Upper
1	—	4.25	10	6.48	6.62
2	4.25	4.61	11	6.62	6.75
3	4.61	4.87	12	6.75	6.91
4	4.87	5.01	13	6.91	7.09
5	5.01	5.52	14	7.09	7.24
6	5.52	5.86	15	7.24	7.38
7	5.86	6.11	16	7.38	7.52
8	6.11	6.31	17	7.52	7.74
9	6.31	6.48	18	7.74	—

注：この表では、域値は小数点第2位で四捨五入されている。

ある。例えば 表7-4にあるように、カテゴリー2（70〜100万円未満）の域値、4.248…〜4.605…未満に変換されている。また、カテゴリカル・データ・モデル（Categorical Data Model）推定のため、カテゴリー1とカテゴリー2を1つのカテゴリーとして扱っている。したがって、下記のように、本章での被説明変数の全カテゴリー数はJGSS-2005のオリジナルより1つ少ない18となっている。

表7-5に示された推定結果のうち、主要なものをまとめると下記の通りである。

○全サンプル使用（サンプル・サイズ：902）

1. 男性の方が女性より8割ほど年収が高い。
2. 中規模都市に住んでいる方が大規模都市に住んでいるより年収は18％ほど低い。
3. 小規模都市に住んでいる方が大規模都市に住んでいるより年収は15％ほど低い。
4. 教育年数[6]が1年増えると年収が7％ほど上昇する。

---

6) JGSS-2005の中での学歴に関するカテゴリー・データは、教育年数に変換している。変換方法に関する詳細は、本書第3章第3節脚注4を参照のこと。

第3節　推定結果とその解釈

表7-5　ソーシャル・キャピタルを加味したミンサー型賃金関数の推定結果

被説明変数	wage（域値は自然対数値）		被説明変数	wage（域値は自然対数値）		被説明変数	wage（域値は自然対数値）	
《全体》			《男性のみ》			《女性のみ》		
説明変数	係数	標準誤差	説明変数	係数	標準誤差	説明変数	係数	標準誤差
Constant	3.4927***	(0.2195)	Constant	3.8250***	(0.1431)	Constant	3.7381***	(0.1866)
SEXX	0.7999***	(0.0487)						
SPOUSE	−0.0985	(0.0645)	SPOUSE	0.1521***	(0.0502)	SPOUSE	−0.1581***	(0.0431)
COMPEDU	0.0269	(0.0343)	COMPEDU	0.0275	(0.0244)	COMPEDU	−0.0151	(0.0259)
ST5HLTH	0.0149	(0.0225)	ST5HLTH	−0.0205	(0.0157)	ST5HLTH	0.0172	(0.0170)
SCALE1	−0.1797***	(0.0621)	SCALE1	−0.0719	(0.0459)	SCALE1	−0.1011**	(0.0435)
SCALE2	−0.1517**	(0.0764)	SCALE2	−0.1156**	(0.0562)	SCALE2	−0.0413	(0.0537)
XXLSTS	0.0721***	(0.0119)	XXLSTS	0.0395***	(0.0076)	XXLSTS	0.0501***	(0.0108)
JOBEXP	0.0318***	(0.0067)	JOBEXP	0.0329***	(0.0049)	JOBEXP	0.0086*	(0.0049)
JOBEXP2	−0.0006***	(0.0001)	JOBEXP2	−0.0005***	(0.0001)	JOBEXP2	−0.0002**	(0.0001)
XJOBYR	0.0509***	(0.0059)	XJOBYR	0.0163***	(0.0043)	XJOBYR	0.0231***	(0.0045)
XJOBYR2	−0.0007***	(0.0001)	XJOBYR2	−0.0002*	(0.0001)	XJOBYR2	−0.0003**	(0.0001)
SMFIRM	−0.1400**	(0.0617)	SMFIRM	−0.0734*	(0.0437)	SMFIRM	−0.0432	(0.0455)
UNION	0.1116*	(0.0621)	UNION	0.1010**	(0.0449)	UNION	0.0672	(0.0448)
NETWORK	0.0856***	(0.0321)	NETWORK	0.0480**	(0.0215)	NETWORK	0.0499*	(0.0257)
TRUST	0.1071***	(0.0403)	TRUST	0.0654**	(0.0282)	TRUST	0.0620**	(0.0306)
NORM	0.0607	(0.0489)	NORM	0.0510	(0.0354)	NORM	0.0425	(0.0353)
σ	0.6646***	(0.0173)	σ	0.3454***	(0.0119)	σ	0.3083***	(0.0132)
N	902		N	503		N	399	
Log-L	−2033.27		Log-L	−843.28		Log-L	−568.39	

*** は1%有意水準、** は5%有意水準、* は10%有意水準をそれぞれ示す。
NLOGIT 4.0 による推定。

5. 労働経験年数が1年増えると年収が3%ほど上昇するが、上昇は逓減的である。
6. 勤続年数が1年増えると年収が5%程度上昇するが、上昇は逓減的である。
7. 中小企業の方が大企業より年収が14%ほど低い。
8. 労働組合に所属していると年収が11%ほど高い。
9. 多様なネットワークを持つ労働者は年収が9%ほど高い。
10. 人を信頼するものは信頼しないものより年収が11%ほど高い。
11. 互酬性の規範を有するかどうかは年収に影響しない。

○男性のみ（サンプル・サイズ：503）

1. 妻がいると年収は 15％ほど高い。
2. 小規模都市に住んでいると大規模都市に住んでいるより年収は 12％ほど低い。
3. 教育年数が 1 年増えると年収は 4％ほど上昇する。
4. 労働経験年数が 1 年増えると年収が 3％程度上昇するが、上昇は逓減的である。
5. 勤続年数が 1 年増えると年収が 2％程度上昇するが、上昇は逓減的である。
6. 中小企業の方が大企業より年収が 14％ほど低い。
7. 労働組合に所属していると年収が 10％ほど高い。
8. 多様なネットワークを持つ労働者は年収が 5％ほど高い。
9. 人を信頼するものは信頼しないものより年収が 7％ほど高い。
10. 互酬性の規範を有するかどうかは年収に影響しない。

○女性のみ（サンプル・サイズ：399）

1. 夫がいると年収は 16％ほど低い。
2. 中規模都市に住んでいると大規模都市に住んでいるより年収は 10％ほど低い。
3. 教育年数が 1 年増えると年収は 5％ほど上昇する。
4. 労働経験年数が 1 年増すと年収は 0.9％ほど上昇するが、上昇は逓減的である。
5. 勤続年数が 1 年増えると年収が 2％ほど上昇するが、上昇は逓減的である。
6. 企業規模は年収に影響を与えない。
7. 労働組合に所属しているかどうかは年収に影響を与えない。
8. 多様なネットワークを持つ労働者は年収が 5％ほど高い。
9. 人を信頼するものは信頼しないものより年収が 6％ほど高い。
10. 互酬性の規範を有するかどうかは年収に影響しない。

第3節　推定結果とその解釈

　上述の結果より、年収に関する男女間格差が見て取れる。女性の年収は男性より8割も安いという結果である。国税庁（website）によると、2005年の平均給与は437万円で、うち男性538万円、女性273万円である。女性の給与の8割増しは492万であるから、本書の推定結果は、やや過少に見える。一方で妻を持つ男性は15％ほど妻を持たない男性より年収が高い。扶養家族手当による差などに起因すること考えられる。ところが、夫を持つ女性の年収は夫を持たない女性の年収より16％ほども低い。夫を持つ女性は、先の家事や育児と両立させるために、勤務時間が短いパートという非正規雇用での働き方を選択しているからではないかという予測が成り立つ。

　教育年数が1年増えることによる年収の増加に関しては、男性では4％、女性では5％とほぼ同程度の年収を増やす効果があるようである。高卒と大卒では、教育年数は4年違うから、年収は、男子で16％、女子で20％違うことになる。

　ところが、推定結果はいったん女性が就職してしまうと、どんなに職業経験を積んでも男性ほど、女性は年収の増加を期待できないことがわかる。1年間の職業経験の違いにおける年収の増加分を比較すると、男女間でおよそ4倍［＝ $(0.0329+2\times(-0.0005))/(0.0086+2\times(-0.0002))$ ］もの差がある。専業主婦や比較的女性に多い派遣労働者の賃金がサンプルに含まれていることが、この男女間の大きな差を生んでいる一因ではあるが、年齢給と異なり、人事評価において、男性と女性はイコール・フッティングにないとことを示していると思われる。一方、女性は、中小企業で働こうが大企業で働こうが年収に大きな差がないようである。本来なら男性の場合のように、大企業で働くほうが中小企業で働くより年収は良いはずである。また労働組合に加入しているかどうかも女性の年収に影響を与えない。これらの結果は、他の先進国と比べ、重要ポストに就く女性の数がまだまだ少ないことの裏付けかもしれない。教育年数の年収に対する影響など、わが国の女性を取り巻く労働環境は改善しているものの、他の先進国に比べると、まだまだ改善の余地がありそうである（OECD 2008）。

　さて、ソーシャル・キャピタルの年収に対する影響であるが、信頼、互酬

性の規範、ネットワークのうち、互酬性の規範は年収に影響を与えない。なぜ、互酬性の規範は年収に影響を与えないのか、その理由は定かではない。互酬性の規範の定量化方法に問題があるのかもしれない。また、信頼、互酬性の規範、ネットワークの交差項は説明力を持たなかった。このことは、ソーシャル・キャピタルの構成3要素がお互いに影響し合いながら賃金に影響を与えるのではないかというシナリオを統計的にはサポートできないことを意味する。

　他方、信頼の年収の増加に寄与する割合は、男女とも5％ほどであり、男女間の差はない。またネットワークの年収の増加に寄与する割合は男女とも6％ほどであり、これもまた男女間の差はない。つまり、ソーシャル・キャピタルの年収への影響については、男女間格差が存在しない。このことは、人的資本とは異なる性質であり興味深い。男性にとっても女性にとってもソーシャル・キャピタルは年収を上昇させる重要な要因であり、その醸成により男女間で同じような割合での年収増加が期待できる。ソーシャル・キャピタルと賃金との関係においては、イコール・フッティングが成り立っているようである。このことを鑑み、男女の両サンプルを用いて推定した結果を用いて、信頼とネットワークと賃金との関係についてあらわしたのが図7-4である。

　図7-4では、表7-5の左の列の推定結果のうち、統計的に有意な係数および説明力を持つ変数のデータの平均値を用いて理論値を計算している。図7-4は、信頼（$TRUST$）およびネットワーク（$NETWORK$）に関しては、その観測値を変化させることにより、賃金がどのように変化するかを表している。例えば、人を信頼しない労働者（$TRUST=0$）で比較すると、ネットワークが0（$NETWORK=0$）の労働者の年収とネットワークが5（$NETWORK=5$）の労働者の年収との間には119万円もの差がある。ただし、高所得者だから広いネットワークを持ちえたという可能性もある。本書で使用したデータは横断面データであることから、因果関係の方向性を明らかにすることはできない。一方、例えばネットワークが5のとき、人を信頼する労働者（$TRUST=2$）と信頼しない労働者（$TRUST=0$）とでは、およそ82万円の年収の差が

第 4 節　まとめ

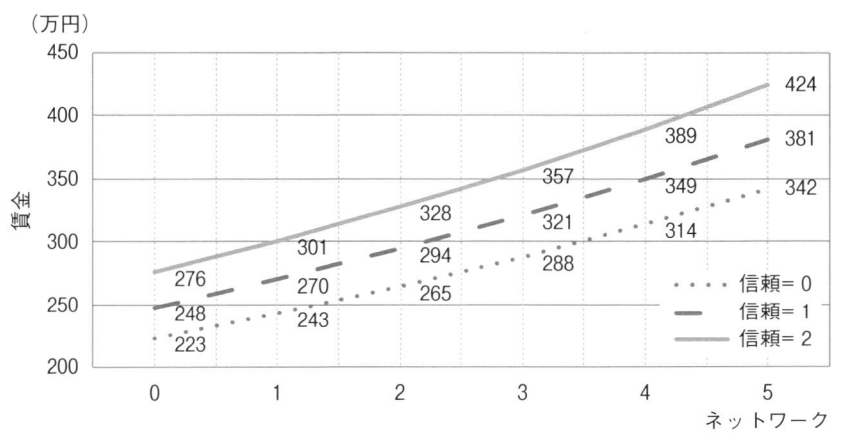

```
(万円)
450
                                              424
400                                    389
                                              381
350                             357
                         328           349
                                              342
300               301           321
                         294           314
         276             288
250      270      265
   248
   243
200
223
     0    1    2    3    4    5
                              ネットワーク

凡例:
・・・・ 信頼 = 0
- - - 信頼 = 1
――― 信頼 = 2
```

図 7-4　ソーシャル・キャピタル vs. 賃金

あることが見て取れる。

　以上の分析により、人を信頼する労働者、広いネットワークを構築することができる労働者は、そうでない労働者より所得が高いことが明らかとなった。また先行研究同様、人的資本が賃金に与える影響の程度は男女間で差があり、イコール・フッティングが成り立っていないという結果が得られた。一方、ソーシャル・キャピタルが賃金に与える影響は男女間で同程度であり、イコール・フッティングが成り立っていることになる。

第 4 節　まとめ

　本章では、ソーシャル・キャピタルが賃金に影響を与えるかどうかということに焦点を当て、ミンサー型賃金関数の推定を行った。労働者間の円滑なコミュニケーションなしには生産活動の効率性アップは望めないことについては、すでに多くの経済学者のコンセンサスを得ている。ソーシャル・キャピタルは取引費用の減少や労働者の折衝能力および交渉能力の向上を介して、企業に有益な効果をもたらすことから、労働者のソーシャル・キャピタ

ルを人事評価に反映させている企業は多いが、ソーシャル・キャピタルと賃金との関係について実証的に明らかにしようとした先行研究は極めて少ない。本章による推定結果は、ソーシャル・キャピタルの醸成が、男女を問わず労働者の賃金を上昇させるということを支持している。また人的資本が賃金に与える影響の程度は男女間で差があり、イコール・フッティングではないが、ソーシャル・キャピタルが賃金に与える影響は同程度であり、イコール・フッティングが成り立っているようである。

　本章での分析結果を解釈する上で、まず注意が必要なのは、ソーシャル・キャピタルの定量化の方法である。多くの研究者がソーシャル・キャピタルの定量化に取り組んでいるが、研究者間で完全なコンセンサスが得られているとは言い難い。特に本書では、互酬性の規範には説明力がないという推定結果を得ている。その理由は不明で、本章で採用した互酬性の規範の定量化の代替的方法に問題があった可能性は否めないが、Putnam（2000）に忠実に従うなら、データの制約上、この方法がセカンドベストであったと考える。

　上述のような問題が存在するものの、これまでソーシャル・キャピタルの3要素をすべて加味し、賃金への影響を実証的アプローチにより探求した先行研究がないことから、本章はパイロット・スタディとして十分意義深いものであると考える。

　今後の研究課題は、ソーシャル・キャピタルは企業の生産性を向上させるかどうかということを実証することである。ソーシャル・キャピタル論が示唆する通り、ソーシャル・キャピタルは取引費用の減少や労働者の折衝能力および交渉能力の向上を介して、企業の生産性を向上させるというシナリオが成り立っているのなら、ソーシャル・キャピタルの効果をより直接的に観察できるのは、労働者の賃金ではなく、企業の生産性そのものであろう。そのためには、労働者の蓄積するソーシャル・キャピタル量、企業のインプット、およびアウトプットのデータを集める必要がある。また大企業の労働者のソーシャル・キャピタルと中小企業の労働者のソーシャル・キャピタル蓄積量には差があるものと考える。はたして、大企業より中小企業の労働者のほうがソーシャル・キャピタル蓄積量は多いのであろうか、それとも少ない

のであろうか。あるいはソーシャル・キャピタルを職場で醸成するための適切な企業規模というものが存在するのであろうか。

ソーシャル・キャピタルは、今後も様々な研究トピックスを与えてくれそうである。

参考文献

Becker, G. S.（1964）*Human Capital : A Theoretical and Empirical Analysis, with Special Reference to Education*, University of Chicago Press.
Bowles, S. G.（2002）Social capital and community governance. *Economic Journal*, 112, F419-F436.
Erickson, B. H.（2008）Good networks and good jobs: The value of social capital to employers and employees, In N. Lin, K. Cook, & R. S. Burt, *Social Capital Theory and Research*, Transaction Publishers.
Fernandez, R. M. and Castilla, E. J.（2008）How much is that network worth ? Social capital in employee referral networks, In N. Lin, K. Cook, & R. S. Burt, *Social Capital Theory and Research*, Transaction Publishers.
Flap, H. and Boxman, E.（2008）Getting started: The influence of social capital on the starti of the occupational carreer, In N. Lin, K. Cook, & R. S. Burt, *Social Capital Thoery and Research*, Transaction Publishers.
Grootaert, C. N.（2004）*Measuring Social Capital*. The World Bank.
Knack, S. K.（1997）Does social capital have an economic payoff? A cross-country investigation. *Quarterly Journal of Economics*, 112, 1251-1288.
La Porta, R. L.-d.-S.（1997）Trust in large organizations. *American Economic Review Papers and Proceedings*, 87, 333-338.
Mincer, J.（1974）*Schooling, Experience, and Earnings*, NBER．
OECD（2008）*Employment Outlook 2008,* Organization for Economic.
Putnam, R.（2000）*Bowling Alone,* Siom & Schuster Paperbacks.
Sobel, J.（2002）Can we trust social capital?, *Journal of Economic Literature*, 40, 139-154.
Wooldridge, J.（2001）*Econometric Analysis of Cross Section and Panel Data,* MIT Press.
Zak, P. K.（2001）Trust and growth, *Economic Journal*, 111, 295-321.
安井健悟・佐野晋平（2009）「教育が賃金にもたらす因果的な効果について―手法のサーヴェイと新たな推定」『日本労働研究雑誌588』16-33.
経済産業省（2008）『社会人基礎力の育成と評価～将来のニッポンを支える若者があふれ出す！～』角川学芸出版.
厚生労働省（2004）『若年者の就職能力に関する実態調査』厚生労働省.

国税庁 (website)『平成 17 年民間給与実態統計調査結果』
　(http://www.nta.go.jp/kohyo/index.htm) 2009 年 6 月 30 日アクセス.
笹島芳雄 (2004)『賃金決定の手引き』日本経済新聞社.
山内直人・枌永佳甫 (2005)「非営利サテライト勘定の意義と日本への適用可能性」『季刊国民経済計算 No. 131』内閣府経済社会総合研究所.
森ビル (website)『森ビル オフィスライフに関する意識調査』
　(http://www.mori.co.jp/img/article/090427.pdf.) 2006 年 6 月 30 日アクセス.
中馬宏之 (1995)『労働経済学』新世社.
東京都産業労働局産業政策部 (2004)『中途採用による経営革新リーダーの人材確保に関する調査』東京都産業労働局.
内閣府 (2003)『ソーシャル・キャピタル―豊かな人間関係と市民活動の好循環を求めて』国立印刷局.
日本経営者団体連盟広報部編 (1996)『人事考課フォーマット集―そのまま使える評価シート 180』日本経団連出版.
野村総合研究所 (2008)『経営用語の基礎知識』(第 3 版) ダイヤモンド社.

第 3 章、第 4 章、第 7 章で分析に用いた JGSS データへの謝辞

　日本版 General Social Surveys（JGSS）は、大阪商業大学比較地域研究所が、文部科学省から学術フロンティア推進拠点としての指定を受けて（1999-2008 年度）、東京大学社会科学研究所と共同で実施している研究プロジェクトである（研究代表：谷岡一郎・仁田道夫、代表幹事：岩井紀子、代表副幹事：保田時男）。東京大学社会科学研究所附属日本社会研究情報センター SSJ データアーカイブがデータの作成と配布を行っている。

あ と が き

　本書では、新しい公共と市民社会を取り巻く事象のいくつかについて定量分析を行うことにより、それらが持つ様々な特色を浮き彫りにすることができた。非営利セクターのエンジンともいえる寄付やボランティアは、どちらかといえば人のモラルや社会的価値観に大きく左右されるものである。また、利潤の非分配制約に直面している非営利組織が供給する準公共財・サービスについては、利潤最大化問題や費用最小化などのベーシックな経済概念とは一線を画すものであり、経済学者の興味を引くことはあまりなかった。しかしながら昨今、わが国の大学の経済学、経営学、政策系学部や大学院でも、NPO論、ボランティア論、社会的企業論、CSR論、ソーシャル・キャピタル論などの講義を開講し、多くの社会科学者がこれらの講義を担当している。このことを鑑みても、市民社会研究への注目度の高さがうかがえる。ところが、経済学者や経営学者が市民社会研究の後発者であることにも起因するが、これまでの政治学者、倫理学者、哲学者など、他の学問領域が行った市民社会研究の多くが定性的なアプローチをとったものであった。わが国の市民社会の研究手法の主流は、未だに定性分析であり、欧米に比べるとかなり立ち遅れた状態であるといわざるを得ない。

　以上のような市民社会研究の潮流を鑑み、著者が行った定量分析により明らかとなった「新しい公共と市民社会」に関する特質を以下にまとめておきたい。

　まず第1章では、政府の失敗理論の頑健性についてパネル・データ分析を行った。政府の失敗理論の検証を行うに際し、パネル・データ分析が有用であるのは、特に政府の失敗理論の中核である需要の異質性を、観測不可能な需要の異質性を反映した固定効果（一元配置、あるいは二元配置）モデルの定数項に見立てることができるからである。つまり固定効果モデルが採択されれは、少なくとも非営利セクターの規模の地域格差を説明する要因として、

需要の異質性を認めることができる。政府の失敗理論の頑強性に懐疑的な分析結果を報告している先行研究では、需要の異質性の代理変数に説明力がないことをもって、政府の失敗理論に頑強性がないという帰結に至っている。しかしながら本章では、Corbin が提唱した政府の失敗理論の検証方法に従い、パネル分析を行ったことにより、政府の失敗理論の頑強性を見出すことができた。

第 1 章の結果を受け、第 2 章では再度政府の失敗理論の検証を行った。Salamon らは、国際比較データを用いて、政府の失敗理論に頑強性はないという分析結果を見出し、それに代わる理論として相互依存理論を提唱している。そこで本書では、サラモンらが用いたデータと同じ国際比較データを用いて、パネル・データ分析の手法により政府の失敗理論の頑強性の再検証を行った。その結果、固定効果の存在を統計的に確認することができた。このことにより、政府の失敗理論の頑強性を再度確認することができた。また、第 1 章と第 2 章より、準公共財・サービスの供給という視座に立つと、政府と非営利セクターは「協働」して、準公共財・サービスを供給しているというよりむしろ、政府は非営利セクターに準公共財・サービスの供給を外部委託していると表現した方が適切であるという実証結果となった。このことは、「非営利セクターは政府の下請けと化している」という非営利セクターの独立性を危ぶむ見解を統計的にサポートしているといえる。

第 3 章では、JGSS-2005 のデータ・セットを用いて、非営利セクター研究の特色ともいえるフィランソロピー（寄付とボランティア）に焦点を当てた。ここでは、JGSS-2005 のデータを用いて、寄付とボランティアを行う日本人の傾向を探った。その結果、寄付控除による動機を除き、日本人も欧米人とあまり変わりのない特色を見出すことができた。特に先行研究と異なる本書での分析の独創的な点は、世帯収入が増えるにつれ、ボランティアをする人としない人ではそれほど寄付をする確率が変わらないようになって行くという分析結果を導き出したことである。つまり、ボランティア活動の寄付行為の呼び水としての効果は、世帯収入が増えるにつれ薄れてゆくということである。USA Today の記事から類推すると、比較的裕福な個人は、モラル的

見地から、寄付よりもボランティアを重視するようになるということかもしれない。

第4章では、JGSS-2005のデータと政府支出のデータを組み合わせて、政府支出が寄付行為に与える影響について分析を行った。その結果、政府支出（民生費・衛生費・消防費）の寄付に対するクラウディング・イン効果が観察された。一方、教育費と災害復旧費については、クラウディング・イン効果もクラウディング・アウト効果も実証することができなかった。

政府支出の増加分は、準公共財・サービスに対する社会的ニーズが高まっていることのシグナルと考えることができる。中位投票者に向けた供給を主眼とする政府からの供給だけでは、準公共財・サービスに不足が生じることを見越して、個人は非営利セクターからの追加的供給を期待して、これらの分野で活動するNPOに対する寄付を増加させることになる。しかしながら、政府支出による寄付のクラウディング・イン効果は、あらゆる種類の政府支出の増加分に対して起こるというわけではないことを、第4章の分析結果は示している。クラウディング・イン効果、あるいはクラウディング・アウト効果のいずれも観察できない政府支出も存在する。

このように、政府支出の種類によっては、政府支出の増加分が正であれば、個人はそれを政府による準公共財・サービスに対する社会的ニーズの高まりのシグナルと受け止め、非営利セクターからの供給を期待して、寄付を増やすことになる。寄付が増えれば非営利セクターの規模は拡大し、非営利セクターは政府の供給不足を補うという社会的役割を果たすことができる。第4章での分析結果は、一様で大規模な準公共財・サービスは政府が供給し、多様で小規模な準公共財・サービスは非営利セクターが供給するというような準公共財・サービス供給主体間で住み分けを行うことにより、準公共財・サービス供給の官民協働が成し遂げられる可能性を示唆しているといえる。

第5章では、訪問介護事業所の規模とサービスの質がどのように生産効率性に影響を与えるということに視点をおいた分析を行った。訪問介護サービスは、営利組織、非営利組織、公的機関が利用者をめぐり競争する日本では珍しい混合経済を形成している。介護保険制度により、訪問介護サービスの

価格は定まっているから、競争手段は、サービスの価格ではなく質である。訪問介護サービスの確率的フロンティア・モデルの推定より、事業所規模が拡大すれば、生産効率性も向上するという結果を得ることができた。また、訪問介護サービスの質が上昇すると生産効率性も上昇するということも明らかとなった。

　第6章では、まず社会的企業のタクソノミを構築した。これは社会的企業に関する定義やその概念がまだ確立されていないためである。そのタクソノミに従い、独立行政法人経済産業研究所（website）とNPO法人財務データベース（website）による財務データを用いて、商業化するNPOのすがたを観察した。またそのタクソノミに従い、社会的企業とCSRとの違いも明確にした。加えて第6章では、社会的企業家精神や社会的企業間ネットワークが経営効率性にどのような影響を与えるかということに焦点を当てた計量分析を行った。その結果、社会的企業家精神と社会的企業間ネットワークの両方が経営効率性を高めることがわかった。この分析結果については、分析に用いアンケート調査項目の問題、サンプル・サイズが不十分であることなどがあげられるが、社会的企業の経営効率性に関する計量分析は著者の知る限り、はじめての試みであるため、パイロット・スタディとしての意義はあるものと考える。

　第7章では、コミュニケーションを高め、人と人との取引費用を軽減させるソーシャル・キャピタルに焦点を当てた分析を行った。パットナムの『孤独なボーリング』により、市民社会研究でも取り上げられる機会は多い。しかしここでは、コミュニティ形成とソーシャル・キャピタルとの関係性に着目した研究ではなく、労働経済学的視点から、賃金とソーシャル・キャピタルとの関係について分析を試みた。第7章の推定結果は、ソーシャル・キャピタルの醸成が、男女を問わず労働者の賃金を上昇させるということを支持している。また分析の結果、人的資本が賃金に与える影響の程度は男女間で差があり、イコール・フッティングではないことがわかったが、このことは先行研究でも示されている通りの結果である。一方、ソーシャル・キャピタルが賃金に与える影響は同程度であり、イコール・フッティングが成り立つ

ているという極めてユニークな分析結果を得ることができた。

　最後に、本書を完成することができたのは、大学院生時代から今日でもなお、温かい御指導を頂いている山内直人教授（大阪大学大学院国際公共政策研究科）をはじめ、日本 NPO 学会会員の方々、大阪商業大学の同僚の先生方、友人、知人、家族、その他多くの方々の支えがあったからである。ご指導ご鞭撻を頂いた方々のお名前を、ここにすべて挙げる事はできないが、本書が今後の市民社会研究の一助となれば、その方々の御恩に報いたものと考える。そうなることを願いつつ、本書のあとがきとしたい。

2012 年 2 月

松永　佳甫

初出一覧

- **第1章** Matsunaga, Y. and Yamauchi N. (2004) Is the Government Failure Theory Still Relevant?: A Panel Analysis using the US State Level Data, *Annals of Public and Cooperative Economics*, 75(2), 227-263, Blackwell Publishing.
- **第2章** Matsunaga, Y., Yamauchi, N., Okuyama, N. (2010) What determines the size of the nonprofit sector?: A cross-country analysis of the government failure theory, *Voluntas*, 21(2) 180-201.
- **第3章** Matsunaga, Y. (2007) To give, or not to give; to volunteer, or not to volunteer, that is the question: Evidence on Japanese philanthropic behavior revealed by the JGSS-2005 data set『日本版 General Social Surveys 研究論文集6』69-81.
- **第4章** 松永佳甫・奥山尚子 (2010)「政府支出は寄付を誘発するか」『パブリック・プライベート・パートナーシップの経済分析』経済産業研究所、ポリシー・ディスカッションペーパー・シリーズ 09-P-003.
- **第5章** 松永佳甫 (2003) Essays on the Public and Nonprofit Economy (大阪大学博士論文) 第2章.
- **第6章** 松永佳甫 (2009)「第5章 非営利セクターの商業化とソーシャル・エンタープライズ」『ソーシャル・エンタープライズ 社会貢献をビジネスにする』丸善株式会社.
- **第7章** 松永佳甫 (2010)「ソーシャル・キャピタルと賃金」『内閣府経済社会総合研究所 (ESRI) ディスカッションペーパーシリーズ No. 240』.

索　引

A

Altruism → 利他主義

C

Contract Failure Theory
　→ 契約の失敗理論
CSR → 企業の社会的責任

D

demand heterogeneity → 需要の異質性

E

Egoism → 利己主義

F

Freedom House　48, 55
Freedom in the world　48
F 検定　29
FTE 雇用者数
　→ フルタイム換算雇用者数

G

Government Failure Theory
　→ 政府の失敗理論
GSS → 総合的社会調査

H

Handbook on Non-Profit Institutions in the System of National Account → 非営利組織のための SNA ハンドブック

I

ICNPO → 国際非営利産業分類
Impure altruism → 不純な利他主義
IRS → 内国歳入庁

J

Japanese General Social Survey (JGSS)
　→ 日本版総合的社会調査
JGSS-2005　60, 61, 67, 78-81, 85, 91, 151-156, 158
JHCNP → ジョンズ・ホプキンス大学非営利セクター国際比較プロジェクト

L

LM 検定 → ラグランジュ乗数検定

M

Market Failure Theory
　→ 市場の失敗理論

177

N

NCCS → 全米慈善統計局
NCCS コアファイル　4, 23, 26
Neo-institutional Theory → 新制度論
NPO → 非営利組織
NPO 法 → 特定非営利活動促進法
NPO 法人 → 特定非営利活動法人

P

PFI 事業　120, 125
PPP: Public Private Partnership
　　→ 官民協働

S

2SLS → 二段階最小二乗法
SNA → 国民経済計算
Social Capital
　　→ ソーシャル・キャピタル
Social Cohesion Theory
　　→ 社会的結束理論
Social Enterprise → 社会的企業
Special Purpose Company
　　→ 特別目的会社

W

Warm glow → ワームグロー

あ

アーバン・インスティテュート　23
アウトソーシング → 外部委託

い

一元配置誤差の攪乱項　23
一元配置固定効果モデル　27, 28, 43, 46, 49, 52-54

か

外部委託　42, 55, 73
確率的フロンティア・モデル　94-97, 101, 104, 107, 131-134
確率密度関数　65, 98
カテゴリカル・データ・モデル　156, 158
官民協働　73, 90

き

機会費用　58, 67
企業の社会的責任　120, 138
寄付　10, 12, 26, 53, 57-59, 61-90, 114, 117, 120, 121, 125, 126, 128, 141
業績評価　146, 147
協働　11, 42, 55, 96, 130, 131, 134, 136, 145

く

クラウディング・アウト　74-78, 82, 84, 89
クラウディング・イン　74, 76-78, 84, 89
クロスセクション効果　23

け

経営効率性　93, 94, 103, 115, 130, 131, 135-137, 139, 140
経営効率値　136
契約の失敗理論　→　市場の失敗理論
限界効果　65, 66, 105-107
限界税率　58, 61

こ

公益性の貨幣価値　132
公の施設　120
コーズ・リレーテッド・マーケティング　121
国際非営利産業分類　44, 45
国民経済計算　2, 40, 141, 166
互酬性の規範　144, 149-153, 157, 159-162, 164
固定効果　21, 23, 27-33, 44, 46, 49
コミュニティ・ビジネス　115, 136, 141

し

事業型NPO　118, 122-125, 136, 138, 139
時系列効果　23
市場の失敗理論　8, 9, 16
指定管理者　120, 125
使命　→　ミッション
社会関係資本
　　→　ソーシャル・キャピタル
社会的企業　113-125, 130-141
社会的企業家　114, 115, 122-124, 130, 131, 134, 138-140
社会的企業家精神　130, 135, 139
社会的結束　8, 15, 26
社会的結束理論　8, 15

需要の異質性　5-7, 14, 18-22, 24, 25, 31, 33, 35, 41, 42, 44, 46-48
　　観測可能な――　21, 22, 24, 30, 34, 43, 46, 47, 49, 52
　　観測不可能な――　21, 22, 30, 34, 46, 47, 49, 52
情意評価　146-148
情報の非対称性　8, 16
職能給　143, 147, 148, 152
職務給　147, 148, 152
ジョンズ・ホプキンス大学非営利セクター国際比較プロジェクト　41
人事評価　145-148, 161, 164
新制度論　9
人的資本　95, 122, 133, 144, 145, 148, 155-157, 162-164
人的資本論　143
信頼　10, 21, 22, 55, 134, 144, 148-152, 157, 159-163

す

ステークホルダー　117
スモール・ビジネス　115

せ

政府の失敗理論　1, 5-8, 10, 11, 13-15, 17, 18, 20-22, 25, 27, 31, 33-35, 41-45, 47, 52-56, 73, 82
切断正規分布　94, 133
選択と集中　90, 113
全米慈善統計局　23, 35, 40

そ

相互依存理論　7, 42, 44
総合的社会調査　60, 151
操作変数　32, 33
ソーシャル・エンタープライズ
　→ 社会的企業
ソーシャル・キャピタル　143-145,
　147-151, 155-157, 159, 161-166

た

対価性収入比率　118, 121, 124
大標本分析　54, 139

ち

小さな政府　1, 11, 12, 35, 73, 90, 113, 138
中位投票者　6, 11-14, 25, 30, 31, 35, 47,
　53, 73, 90
中位投票者理論　11, 12

と

特定化の誤り　43, 44, 46
特定非営利活動促進法　5, 113
特定非営利活動法人　3, 5, 113, 118,
　125-129, 133, 138, 141
特別目的会社　120
取引費用　145, 152, 163, 164

な

内国歳入庁　10, 23, 24

に

二元配置誤差の攪乱項　23
二段階最小二乗法　29, 32-35, 54, 76
日本版総合的社会調査　60, 151

ね

ネットワーク　116, 130, 134, 139, 144,
　145, 148-151, 154, 155, 157, 159, 160,
　162, 163
年齢給　143, 147, 161

の

能力評価　146, 148

は

ハウスマン検定　27
パネル・データ分析　21-23

ひ

非営利サテライト勘定　2, 40, 141, 166
非営利セクター　1-9, 11-15, 17-23,
　25-27, 30-35, 41-55, 74, 75, 89, 90, 116,
　134
非営利組織　1-6, 8-19, 22-26, 28, 31, 35,
　36, 40, 41, 45, 47, 57, 59, 61, 64, 68-70,
　73, 74, 76, 77, 81, 82, 84, 85, 88, 90, 93,
　94, 96, 97, 103, 107, 113-118, 120, 122,
　124-126, 128-136, 138, 139, 141, 153
非営利組織のためのSNAハンドブック
　45, 132
非市場産出　132
標準正規分布　65, 98

ふ

フィランソロピー　57, 58, 67, 69, 71, 73, 81
プーリング・モデル　27, 49, 52-54
不純な利他主義　69, 70
フルタイム換算雇用者数　45, 46, 49

へ

変量効果　21, 23, 27, 28

ほ

訪問介護サービス　94-100, 103, 107, 108, 114
補完的財政支援仮説　11, 14, 15, 31, 32, 34, 35, 42, 53
ボランタリーセクター
　→ 非営利セクター
ボランティア　2, 10, 12, 26, 45, 49-55, 57-59, 61-69, 71-73, 80, 81, 83, 85, 88, 90, 117, 128, 141, 153-155, 157

ま

マイクロ・ビジネス　115

み

ミッション　8, 96, 113, 115, 117, 122-124, 128-131, 138, 139
ミンサー型賃金関数　143, 156, 159, 163

ら

ラグランジュ乗数検定　27

り

利己主義　69, 70
利潤の非分配制約　8, 16, 128, 139
利他主義　69, 70

る

累積分布関数　65, 98

わ

ワーカーズ・コーポラティブ　116
ワームグロー　69-71

松永 佳甫（まつなが よしほ）

1968年熊本県生まれ．大阪大学国際公共政策研究科博士後期課程修了（国際公共政策博士）．九州大学経済学府助手、総合研究開発機構（NIRA）を経て、現在、大阪商業大学総合経営学部教授．日本NPO学会理事兼事務局長．国際公共経済学会理事．

最近の著書に、What Determines the Size of the Nonprofit Sector?: A Cross-country Analysis of the Government Failure Theory, *Voluntas*, 21(2), 180-201, 2010（共著）、Is the Government Failure Theory Still Relevant?: A Panel Analysis using the US State Level Data, *Annals of Public and Cooperative Economics*, 75(2), 227-263, Blackwell Publishing, 2004（共著）、「第5章 非営利セクターの商業化とソーシャル・エンタープライズ」『ソーシャル・エンタープライズ社会貢献をビジネスにする』丸善株式会社、2008年．翻訳に「第1章 なぜ貧困はみんなを苦しめるのか」『コトラー ソーシャル・マーケティング─貧困に克つ7つの視点と10の戦略的取組み』（F. コトラー、N.R. リー著、塚本一郎監訳）丸善株式会社、2010年などがある．

新しい公共と市民社会の定量分析

2012年2月20日　初版第1刷発行　　　　　　［検印廃止］

著　者　松永　佳甫

発行所　大阪大学出版会
　　　　代表者　三成　賢次

〒565-0871　吹田市山田丘2-7
　　　　　　大阪大学ウエストフロント
TEL 06-6877-1614（直通）
FAX 06-6877-1617
URL : http://www.osaka-up.or.jp

印刷所・製本　尼崎印刷株式会社

© Yoshiho Matsunaga　2012　　　　　　　Printed in Japan
ISBN978-4-87259-396-9 C3033

Ⓡ〈日本複写権センター委託出版物〉
本書を無断で複写複製（コピー）することは、著作権法上の例外を除き、禁じられています。本書をコピーされる場合は、事前に日本複写権センター（JRRC）の許諾を受けて下さい。
JRRC〈http://www.jrrc.or.jp　eメール：info@jrrc.or.jp　電話：03-3401-2382〉